吹けば飛ぶよな男だが

渋谷龍太

KADOKAWA

吹けば飛ぶよな男だが

渋谷龍太

目次

装丁　名久井直子
装画　オートモアイ
撮影　北村匠海
題字　渋谷龍太

そりゃ人ですから、考えるに決まってる。

思考するという行為自体、他の生き物にはない人様だけのものなのだとすると、ともすればあんまり必要ないことなのかもしれない。崇高《すうこう》なもんだと有難がって、生きる意味や、愛の本質や、死ぬ意義なんかに迫ろうと試みては、やればやる程にドツボにハマって勝手に苦しくなったり。

猫や、蛇や、鮫は、きっとそんなことしない。

ただ生きて、ただ死ぬ。実に潔し。

でも、うっかり人様に生まれてきてしまったのだとしたら、やれるだけやってみるのも一興だろう。考えて、また考える。だってやらなきゃ仕方がないのだから。

さすれば面白くしないといけない。そのまま放っておけばつまらなくなってしまうものばかりだと思ったなら。一度でも、「んん」ってなってしまったことがあるなら。

自分自身で、面白く。


生きるも、愛も、死ぬも。食べるとか、躓《つまず》くとか、寝違えるとかも、全て。

軽くて、薄くて、脆《もろ》いのだ。

吹けば飛ぶよな話なのだ。

だから、丁寧に抱きしめてあげないと。そんなことを、考えた。

マッチングアプリ

少し前の話であるが、携帯電話を拾った。

自宅のマンションの目の前、あまりに無造作に落ちているそれを見て、正直逡巡《しゅんじゅん》した。

何かと物騒な世の中だ、関与することで厄介事に巻き込まれる可能性だってある。触らぬ神になんとやら。それに持ち主が落とした場面に見当が付いている場合は、私が携帯電話を拾ってしまったことにより、必要のない手間をかけてしまう可能性も無視できない。

しかし、足元のこれの持ち主がなんの心当たりもなく困っている場合を考えると、見て見ぬふりをするのは憚《はばか》られる。手違いにより置き去りにされた携帯電話は野晒《のざら》しにされるばかりか、邪悪な人に持ち去られる可能性だってあるだろう。

拾った場合と、拾わなかった場合。雲ひとつない青い空を仰ぐ私の頭の中で、天秤がゆっくり傾く。

私は、携帯電話を拾い上げた。

何せ初めての経験なもので、まずどうしたらいいかわからなかった。交番に届けるという選択肢の前に出来ることはないかとまずはディスプレイに触れてみることにした。

驚いたことにそこには「携帯電話を落としました」というメッセージが表示されていた。まさか携帯電話を落とす前から常にこのメッセージを表示させておくような奇特な人もいないだろうし、もしいたとして、そこまで心配性の人はそもそも携帯電話を落としたりしないだろう。だからこれは、持ち主が何かしらの方法で別の場所から遠隔で表示させたメッセージなのだ。便利な世の中になったものだと感心しながら再び画面に目を向けると、メールアドレスも併せて表示されていた。ここにメールをください、とのことだった。

一仕事終えた私はなかなかの荷物であったので、一度自宅に戻ってからその宛先にメールをしてみようと思い、エントランスをくぐった。

鞄からやっとこさ鍵を取り出し自宅の扉を開けたその刹那、大音量のサイレンが玄関中に響き渡った。発信源は先程拾った携帯電話。画面には「携帯電話を落としました」とのメッセージが先程よりも大袈裟《おおげさ》に表示されていた。いやもう存じ上げておりますから、とあちこちを触り急いで音を止めた。飛び上がるほど大きな音がまた急に鳴り出したら心臓に悪い、私は慌てて指定のアドレスにメールを送った。

『当方、先程＊＊＊にて携帯電話を拾いました。お預かりしていますので、ご返信よろしくお願い致します』

すると程なくして、お礼と、場所と時間を指定してくれたらいつでも取りにいけます、という旨の返信があった。私は、家の近所のコーヒー屋さんを一時間後に指定して、引き渡しの約束をした。

まァ、これで落とした方も一安心だろう、と自らの善行に気を良くしてソファに腰掛けた。なんとなくテレビをつけて、やおら立ち上がり荷物を片した。再びソファに座り、やはり気分じゃなかったとテレビを消して、台所に立って水を飲んだ。意味もなく伸びをしてその後、ソファに座ろうかと考え、思い直して窓のそばに立って表をなんとなく眺めて、ソファに座った。

え、どうしよう、落ち着かない。

原因は明白だ。知らない人と待ち合わせをしている事実が私をそうさせているのだ。しかしそれは恐怖や不安なんかではないことはわかっていた。

私の胸中を満たしているそれは、期待であった。

立ち上がり、無駄に腰に手を当てた。リビングに立ち尽くす私の妄想は止まらなかった。そして妄想はやがて、根拠のない確信に変わっていく。

多分だけど、綺麗な女の人だ。

このシンプルなベージュのケースから推測するに歳の頃は二十五、六。それ以上のことを推測するのは難儀ではあるが、おそらく端麗な見た目とは裏腹にどこか抜けているところもあり、そこが好意的に見られているタイプの女性なのではなかろうか。仕事と私生活のメリハリがきちんと付いており、同僚に持たれている印象と、地元の友達から持たれている印象が全然違う、きっとそんな感じの。

気が付くと私は鏡の前に立って髪型を整えていた。

待ち合わせのその時間まで、部屋の中をウロウロして過ごしたのだった。

待ち合わせの時間が近づき私は家を飛び出す。

高鳴る胸、整えた髪、拾った携帯電話。

近所のコーヒー屋さんに辿り着いた私に迷うことなく声を掛けてきたのは、背の小さいおじさんだった。

家に戻って腰掛け、電源の入っていないテレビを見つめる。

窓の外からオレンジに染まった光が差し込んで、私から長い影を伸ばした。

携帯電話は持ち主の元に戻った。背の小さいおじさんはとても安心した様子だった。さぞかし困っていたのだろう。本当に良かった。

私はいいことをした。打算的に動いたわけではなく、持ち主が困っていたら可哀想だ、という動機のみで動いた。

しかし、私は途中で期待した。綺麗な女の人を思い浮かべてしまったのだ。

その結果、こともあろうに、私は。声を掛けてきた背の小さいおじさんを見て、「背の小さいおじさんかよ」と心の中で呟いてしまったのだ。大変安心した様子で幾度も頭を下げ、手土産のケーキまで用意してくれたおじさんに対して、だ。期待で膨らんだ胸が萎《しぼ》んでいくのを感じた私は、その事実を悟られまいと必要以上の笑顔を作り「何よりです！」と、ハキハキと言ったのだった。

いいことをした私は、さもしい私を発見して、部屋の真ん中に一人佇《たたず》んでいる。暮れなずむ空の真ん中でカラスが鳴いた。

この気持ちはなんだろう。

私の胸の内で、背の小さいおじさんと綺麗な女の人が手を繋いでぺこりと頭を下げた。「ありがとうございます」

私は二人に向かって言う。「何よりです」
消え入るほどに、小さな声で。

ワインはいかが？

感性は人の数だけ。静かな海を見て涙を流す人もいるだろうし、歪《いびつ》に実った果実を見て美しいという人もいるだろう。そして、その感性の先にあるものが表現だと思っている。音楽を奏でたり、絵を描いたり、踊って見せたり。

そして誰もが簡単に、意図せず行っている表現こそ「感想」だと思う。

五感と感情の動きを言葉に変える。完璧に伝え切ることが叶わない心のうちを、自分の持つ言葉を駆使してどうにか伝えようとする。相手あればこその、愛おしい表現。

それなのに私ときたら。

先日その愛おしい表現を受けて、心をくさくさcouさせてしまった。至らぬ自分が実に情けない。

ワインを飲む機会があったのだ。

ちなみに自分とワインにはこれまでほとんど接点がなく、これからも接点を持たないまま生きていくのだろうと思っていた。正直言うと『ワインを飲んでいる自分』に抵抗を感じていた。

あれは品位や、ブルジョワジーが図らずも滲《にじ》んじゃってる、崇高でかっこいい人間でないと口にしてはいけないアルコールだと思っていたから、どこかで、自分なんかが、と勝手に卑屈になっている節もあった。だから、避けていた、という表現の方が正しいのかもしれない。

そんな私が、今まさにナイフとフォークを前に着席し、一度として、持つまい、と誓っていたワイングラスなるものに軽く手を添えている。招いて頂いた、という唯一の免罪符をもう片方の手に握りしめ、背中に汗が滲むのを感じながら視線を泳がせていた。

数人での食事会であった。普段であれば、晩御飯や飲み会などという表現をするのだろうが、何せ一杯目からワインの会合である。これは紛《まぎ》れもなく食事会だ。

私の隣に座るのは、こういった食事会が日常茶飯事であるかのような空気を纏《まと》った女の子だった。グラス以上の重さは受け付けないくらい華奢な手で、赤ワインの入ったグラスを持ち上げて色を確かめていた。歳の頃は二十代後半といったところか、明かりに透かしたワインを眺め満足そうに頷いたその子は、口にゆっくり含んだそれを、しばらく吟味してから飲み込んだ。

乾杯するやいなや色も香りも確認せず半分以上を飲んでしまった私は、自分のグラスを見て、どうしようもなく恥ずかしくなって顔を俯《うつむ》かせた。

「エレガントですね」

顔をあげると、女の子が私に向かって微笑んでいた。

私なんかは一杯目にビール、その後は延々と焼酎を飲んでいるような人間であるからして、この食事会に見合うような感想も言えなければ、今の言葉に対する最適な返答もわからない。ただ、初対面の人間に対してあべこべの所感で試すような人間はそうは居まい。私は「そうだね」という毒にも薬にもならない言葉を添えて、ガチャガチャの笑顔で頷いてみせた。


一つずつゆっくり出される食事は非常に美味しく、甚《いた》く貴重な体験だと思ったのだが、この次に親子丼とか出てこないかなアと思ってしまう自分もいた。しかし、「エレガントですね」という先程の言葉の手前、冗談でもそんなことを口には出せなかった。私は我慢して、目の前のゼラチン質の小さなブロックを、さらに小さくカットしておちょぼ口で食べた。

「次のワイン、どうしようか」

会合の主催者である最年長の男性が言った。すると私の隣の女の子が恭《うやうや》しく口を開いた。

「私、華やかなのがいい」

それを聞いて頷いた男性は、出されたメニューを指さしながらソムリエであろう人と何やら楽しそうに話し始めた。

なぜ直接的な表現をしてくれないのだろう。もう少し甘いのとか、もっと渋いのとか。

おかげで私は考えることに必死だった。今しがた飲んでたやつがエレガントだとすると、このあと出てくる華やかなやつというのはどんな味がするのだろうか。感想を求められたら果たしてどんなトーンでなんと申し上げたら良いのか。そして、形式上だけであったとしても次は私も、色を確かめるためにグラスを目線の高さまで持ち上げた方がいいのだろうか。

考えているうちにワインが到着、新しいグラスに華やかな味がするであろうワインが注がれた。

色を確かめる度胸がどうしてもなかった私は、小さく頷きながら意味ありげにグラスを眺めてみた。酷《ひど》く、恥ずかしい時間だった。

隣の女の子の様子を窺《うかが》うと、見たり嗅いだりを終えて、ようやく口に含むところだった。

この子はこの後、なんて言うんだろう。

私の興味はそこにあった。目の前のワインがどんな味であるのか、そんなことよりも彼女の感想の方が気になる。彼女はゆっくり喉を動かして嚥下《えんげ》した。

「え」

彼女は目を丸くしてグラスを眺めた。今飲んだそれの正体を暴こうとするようにまじまじと、ワインを眺める。味と香りから拾い集めた答えの片鱗を、目の前の紫色と照らし合わせているに違いない。

早く感想が聞きたい私は、どうしたんですか、と無粋な質問をしたくなる。グッと堪《こら》え、ジッと耐えた。

そして長い沈黙の末、いくつもの欠片が一つにまとまり、ついに「感想」となって彼女の口からゆっくりこぼれた。

「広い」

なんだこいつ。

反射神経とは怖いもので、その一言が口から飛び出そうになった。

彼女の感受性の泉は涸れることなく、次に湧き出た言葉を、矢継ぎ早に私に浴びせた。

「これ、フルーティーですね」

私はなんかどうでも良くなって応えた。

「いや、まア、果物っすからね」

いよいよ馬鹿らしくなったので普通に返して、何も考えずにワインを飲んだ。彼女は私の反応を待っている様子だったので、「うまいっすね」と応えてあげた。

彼女はその後に続く言葉を期待していたようだが、これで終《しま》いだとわかると、「あら」というような憐憫《れんびん》の類《たぐい》の表情を浮かべた。

感性は人の数だけ。だから感想だって数多《あまた》あって然《しか》るべき。それは違うとか、間違ってるとか言う資格は誰にもないのだが。感想に対する感想もまた、人の数だけあったりする。

全然足りなかったので帰り道に親子丼を食べた。広かった。

心がさもしいと感じること程、私を虚しくさせるものはない。もちろん自分に対して、そして人に対しても思う。

それを感じさせるのは、モノを盗みました、ヒトを殺《あや》めましたなどの罪になる明確なタブーではなく、生きていく上でのルールとまでは言えないものである。だから尚更に虚しく感じるのかもしれない。

道徳や倫理という言葉だけでは片付けられないようなことが、世の中にはたくさんあったりする。

なんて、そんな重たい話でもないのだが。


少し前の話になる。某定食屋さんのご飯のおかわり無料が廃止になった。

個人的にはまともにご飯を食べることが難しかった時代、某定食屋さんのおかわりで命を救われた場面が何度もあったので、それを知った時はなかなかの衝撃を受けた。

やはり、私のようにトンカツ一切れに対しておかわりを一回するような無法者が少なからずいて、無遠慮に店に甘えるそんな奴らが経営を苦しめてしまう結果に至ったのだろうか、と心が痛んだ。

とられた施策は、おかわりに対して三十円から百円の料金追加。まア非常に残念な話ではあるが、妥当な金額であるような気もした。

ただ、世話になった身としてはありのままを受け入れるのではなく、事の顛末《てんまつ》も知る必要があると思い動機を調べた。廃止の理由はすぐに判明した。

「おかわりをする人としない人で同じ値段だということに不公平感があるという意見があった」

まアそりゃそうだ、と言ってしまいそうになる。私のように五杯も六杯もおかわりするような人と、予《あらかじ》めご飯を少なめに注文するような人が、同じ値段であることはそもそも少し妙な話であるかもしれない。

しかし、やはりどこかに違和感がある。なかなかどうして気持ちが良くない。

この不公平感を提示したのは、間違いなくおかわりをしない人だろう。意見はもっともだし間違っていることは言っていないと思う。ただ厳密に言えば、このシステムによって損をする人はいないはずなのだ。損になる場合であったなら納得も出来るのだが。

例えばこれが、損を基準にした意見だったのだとする。

まずは値段がおかわりを加味した設定になっているとして（きっとそうなのだろうけど）、自分がおかわりをしなかったことが損になりうるのだろうか。金銭に応じて付与された権利を自分が使わなかったことは果たして損と呼べるのだろうか。ちなみにこの某定食屋さんは、定食以外はおかわり無料が適用されていない。だからもし、それを損と捉えるならば、損しない定食以外のメニューを頼めばいいと思う。「でも定食食べたい」なんて意見が出てしまうとするならば、きっと端《はな》からこの店を選ぶべきではないんだと、私は思う。

即ち、この意見の基準は「損」ではなく「得」にあると思うのだ。もっと具体的には「自分の損」ではなく「他人の得」にあるのだと思う。

自分はおかわり出来なかった（しなかった）のに、自分以外がおかわりをしていることが気に入らないと考えるのが妥当だ。「なんで自分じゃない人ばっかり」という心根だろうし、この後に続くのはおそらく「ずるい」という言葉だろう。

別にいいじゃん。自分がその値段に納得したから注文してるわけだし、そこでおかわりをしないってことはお腹がいっぱいになったということなのでしょう。だとしたらまだもう少し食べたいな、と思っている人が付与された権利を行使することは、自分とは関係なくね？　って私は思うのだが。「自分の損」に憤慨しているならそれは然るべきことかもしれないが「他人の得」に憤慨する様は、実にさもしいと私は感じてしまう。

そして、実は懸念していることがある。そもそも「他人の得」と「自分の損」の分別がついていなかったとしたら。これはなかなかに恐ろしい。

0の自分と、プラス2になった他人。0の他人と、マイナス2になった自分。共に自分と他人との差は2であるが。実質は大きく違う。しかしこれを同じものと捉えてしまうと物事は根本から捻《ねじ》れると思う。ただやはり、意外とあるのだ、色々な人と顔を合わせると。自分の無と別に与えられた他人の喜びが、さも自分の苦と引き換えに与えられた他人の喜びであるかのように嘆く場面を目にすることが。

そしてここまで書いていて今さらなのだが、金銭に応じて付与された権利なのだから、おかわりすることを「他人の得」と呼ぶことは、どだい少し違うのかもしれない。

さすれば要するに長々と書いてしまった今回の事案。

「おかわりをする人としない人で同じ値段だということに不公平感がある」は簡潔に「自分が得を出来ないのが嫌です」となるのではないだろうか。

ここまではっきりと言い切られてしまうのであればもう逆に気持ちがいい。よく言った、と何度も胴上げしてあげる。

おかわりをする者も、しない者も「得」をしなかったこの話。まア強いて「得」した者をあげるとすれば某定食屋さんだけだろう。

そんなことないと思うよ、ないと思うけど、「おかわりをする人としない人で同じ値段だということに不公平感があるという意見」なんてそもそも誰からも出ていなかった場合、我々は某定食屋さんにまんまと一杯食わされたことになる。おかわりだけに。

おかわり

むかし話

昔から継がれてきた話というものには、当然のように教訓がある。読んだ人間の、もしくは読み聞かせてもらった人間の心に染み入るような教訓が。

優しい人間になれるように、人様に嫌な思いをさせないように、と教訓をふんだんに入れ込んだ昔話は、ちゃんと理由を持って今世まで語り継がれてきたのだろう。

しかし、中にはなんだか訳のわからないものもあって、今になってみると「え、何が言いたいんすか」みたいな話もある。あくまでも私の偏った見解なのだが。

その代表格が「浦島太郎」と「こぶとりじいさん」だ。

昔という言葉を二度も繰り返さなければならない程の遠い昔の、この話の真意とは如何《いか》に。

まずは「浦島太郎」。

亀をいじめる子供たちを、「およしなさいよ」と男が諌《いさ》めるところからこの話は始まる。持ち前の優しさと、お礼をしたい旨、亀が突然しゃべり出す事態をもすんなりと受け入れられる度量のデカさが彼の魅力。
　亀に連れられて赴いた竜宮城は豪華絢爛。大変に美しい乙姫に迎えられ大いにもてなされることと相成る。夢のような時間を過ごした浦島太郎、そろそろおいとましようと腰を上げると、「絶対に開けないでください」と箱を渡される。乙姫からの土産を地上まで持ち帰り、「一服するべ」と辺りを見回すと元いたはずのその場所はすっかり様子が変わってしまっていた。どうしたものかと浦島太郎、気が動転したはずみで開けてはならない箱を開けるに至る。結果、中から出てきた煙によりおじいさんになってしまう、というお話。

え？

　この話の教訓を未だに考え続けているのだが、現時点では「亀なんか助けるな」で着地してしまっている。
　なぜならこの話で浦島太郎という男が能動的に動いたのは、亀を助けたことと、「帰る」と言った二点。どちらも何も悪いことではないのに、最後にはおじいさんにされてしまう。おじいさんにされてしまうというより、竜宮城と現世の時の流れが違っていたため、相応の姿になっただけ、というのが正しい解釈かもしれないが、事の起こりと結末の整合性がまるでとれない。

もう一点、箱を開けてしまったというのも浦島が自発的に行動したことかもしれないが、乙姫から箱を受け取った段階で、中身が決定付けられていたとするならば、対象外だ。

浦島はいい奴。亀はいじめられて、助けられて、送迎しただけ。子供たちはモブ。鯛やヒラメはなんとなく踊っていただけ。じゃア、乙姫だ。彼女がただ猟奇的だったということ以外に納得が出来ない。

大体からして、開けちゃいけない箱ってなんですか。持ち運べるデッドスペースじゃん。あと浦島もすんなり受け取るなよ、一回「どういうこと？」って訊きなよ。

結論。

この話の教訓は「綺麗な女性を信じるな」もしくはやっぱ「亀なんか助けるな」だ。


次は「こぶとりじいさん」。

右の頬に大きな瘤があるおじいさんが主人公。小太りのおじいさんの話では断じてない。ある日おじいさんが山に出かけたところ雨に降られてしまう。雨宿りのために飛び込んだ洞窟では運悪く鬼がパーティー中、見つかって踊らされる。

たまたま踊りが上手かったおじいさん、明日も来てくれと頼まれたが、面倒臭いなアと渋っていると、「お前の大事なものを質に預かる、明日来たなら返してやる」と瘤を取られる。

おじいさん大喜び。

翌日村に帰ると、「どうしたんだ、瘤がないじゃないか」と隣のおじいさんが驚く。隣のおじいさんの左頬にも瘤があることに読者はもっと驚く。どんな村だよ。おじいさんにことの顛末を聞かされた隣のおじいさんは、俺も行ってくるわ、と意気揚々と洞窟に向かう。

鬼はこの晩もやっぱりパーティー。昨日のおじいさんと今日のおじいさんの見分けがつかない鬼はまた来てくれたと大喜び、隣のおじいさん踊らされる。

でもたまたま踊りが下手だったおじいさん、瘤を取られるどころか、「お疲れ、もう来なくていいよ」と昨日のおじいさんの瘤をくっつけられる。

隣のおじいさん泣きながら帰る、というお話。


は？


この話の教訓を未だに考え続けているのだが、現時点では「踊れた方がいい」で着地してしまっている。

なぜならこの最初に出てくるおじいさん（以下、右じい）、やったことは雨宿りとダンス。

お前の大事なものを預かると、大事でもなんでもない瘤を取られたことを良いことに、明日も来てくれ、という約束は平気で反故にしてしまっている。この話にこれだけわかりやすく要点となりうる形で「約束」が登場するのであれば、この後は、約束をきちんとフィーチャーさせるように展開していった方がいいのではないかと。以下提案。

右じいは相手が鬼だとはいえ、一度した約束は守る、と隣のおじいさん（以下、左じい）と一緒に鬼のもとに赴くことを決める。正直に、瘤が大事なものでなかったことを詫び、二人で昨日より楽しい踊りを踊るから左じいの瘤も取ってくれまいか、と鬼に打診。その後バシッと実行し、しっかり鬼を喜ばせ左じいの瘤も除去。二人は綺麗な顔で帰還。

が、美しいと思う。しかし本筋で右じいは、鬼をただの瘤を取るためのツールとしか見ていない。使えるんなら使ってみたら？　くらいライトに左じいに話した挙句、本人はそれ以降物語に登場すらしない。翌朝、左じいが両頬に瘤つけて泣きながら帰って来ても、家からも出てこない。自分の瘤取れたらクランクアップ。どうにも薄情な印象が拭えない。

そしてあらゆるところでこの話を色々読んでみたが、ほとんどの冒頭で右じいを「優しいおじいさん」、左じいを「意地悪なおじいさん」と事前にキャラクターづけるところから始まる。これは実によろしくない。セットアップ時に無闇に先入観を持たせるのはかなり卑怯なので、物語の中だけで完結させるべき。

あと待って、そもそもの話いい？　大前提、この人さ「こぶとりじいさん」じゃなくて「こぶとられじいさん」じゃない？

結論。

この話の教訓は「隣人は隣人の域を越えない」もしくはやっぱ「踊れた方がいい」だ。

昔から継がれてきた話というものには、当然のように教訓がある。読んだ人間の、もしくは読み聞かせてもらった人間の心に染み入るような教訓が。大人になった時に、この話に違和感を持って自分で考えなさいね、がこれらの話の教訓への導線だとしたならば。煙に巻かれて踊らされ、こんな文章書いてる私は実にめでたし。

拝啓、映画館様

映画館で映画を観るにあたって、守らなければならないことがいくつかある。「携帯電話の電源は切る」「前の座席を蹴らない」「おしゃべりをしない」「撮影をしない」など、劇場は本編を上映する前に、ユーモアを交えた映像で丁寧にお願いしてくれる。ルールというより、それはマナーという形で。

映画の内容は自宅のテレビやパソコンの画面などで観ても同じだが、映画館は全てを含めて、そのものが「体験」だ。だから不快な思いをする人を減らすことが出来るマナーの提示というのは、体験そのものを守る素晴らしいことだと私は思う。

しかし、欲を言えばもう一つ。守るべきマナーとして映画館様に提案したいことがある。

それは私にとって、携帯電話で話しながら目の前の座席をガンガン蹴ってスクリーンを撮影するくらいに許せないことを、未然に防げる妙案なのだ。

シネマコンプレックスというものが映画館の主流になりつつある昨今、昔に比べて明確に増えたものがある。それは来場する仲睦まじいカップルの組数、ましてやポップコーンの消費量などではなく、映画を観終わった赤の他人と過ごす時間だ。

　幼い頃から足繁《しげ》く通っていた、新宿のミラノ座やスカラ座、武蔵野館。以前の映画館であればスクリーンが多くて三つ程度。建物自体も大きくないために上映が終われば即座に三々五々、速やかに散っていた。しかし複合映画館としてかなり大型になった昨今はどうだろう。上映後にエスカレーターやエレベーターで、同じ映画を観た他人と共に過ごす時間が生まれてしまった。

　これ即ち、他人の感想を耳に入れてしまうリスクが大幅に増えるということである。

「最後の食べかけのピザのカットあったじゃん。多分だけどあれヒロインの心情のメタファーだわ。俺、あそこで泣いたもん」

「あれさ、前半のドライブのシーンは娘の死の暗示だったんだよね。ラストシーンまで俺気が付かなかった。くウ、俺情けねエ」

「んん、あの監督の悪い癖が出てたよね。男を主人公にするといつもこうなるっていうか。原作の出来がそもそも良いから駄作とまでは言わないけど、私的には65点」

　おい、お前。あとお前も。

　可能な限りで構いません、まじお黙りあそばせ。

聞きたくない感想を聞くことほど、苦痛なこともない。アマゾンのレビューやフィルマークスのコメントなど、個人的には参考になったためしがない。何が良かったのかを紐解いたり、どうして悪かったのか文句を言ったり、それはその人が感じ取った機微に興味がある者同士がやり合うから面白いのであって、どこの馬の骨かもわからない赤の他人の心の内には、ほとほと関心がない。普段からそういったものを極力避けて生きている身としては、ゲリラ豪雨のように、避けようがなく降り注ぐ他人の感想は実に耐えがたく、そんな場面ではいつも耳を塞いで大声を出しながら立ち去りたくなる。

心に響こうが、響かなかろうが、私は向き合った物語はある程度の時間を掛けて反芻《はんすう》したい。例えば誰かと映画を観に行った場合も、すぐに話し出したくなる気持ちをグッと堪えて、喫茶店まで気持ちの封を切らずに持っていきたい。

それなのに。

余韻を楽しむ間も与えてもらえないあの状況ときたら、まるで最高に良い雰囲気のデートのクライマックスにお爺さん同士の取っ組み合いの喧嘩を見せられたような感じだ（多分）。

これを無粋と言わずになんと言うのだ、情緒のかけらもない。

半径三メートルに対してだけで構わない、ある程度の配慮が出来れば容易に防ぐことの出来る事態だと思うのだが。きっとこの手のことが出来ない人間は、聞かれてもいないうんちくを突然披露したり、一日かけての長丁場になるとわかっている午前中に要冷蔵のお土産を渡すタイプの人間なのだろう。

圧倒的に想像力に欠けている。

これらを防ぐ方法としては、やはり「施設の設置されている建物を出るまでの私語禁止」しかない。鑑賞した映画に関しての私語禁止、と初めのうちは思っていたが、こうしてしまうと線引きがかなり曖昧になってしまう。なのでいっそ、全員黙るが美しい。

興味の及ばぬどこぞの誰かの感想を浴びずに済むそれに加えて、今一度熟考することの出来る時間も設けられ、押し並《な》べて個人の感想にコクが出ること請け合いだ。

そして上映後、抱いた感想を早く開放したいがために速やかに席を立つ観客が増えることにより、間違いなく入れ替えの時間の短縮にも繋がると思う。

いかがだろうか映画館様。なかなかの妙案だと自負しているのだが。

慎《つつ》ましく苦しんでいるであろう数多の同志を代表して提案させて頂きました。

あと、可能であればマナーとしてではなくルールとして、映画の感想にメタファーって言葉をみだりに使う人を厳しめに罰する決まりを作ってください。

不思議な気持ちにさせられる事案がたまに発生する。それが実に厄介なのは相手に悪気がないこと、そして発端《ほったん》は自分の善意であるということだ。

本当の善意とは相手に対して見返りを求めないことである。その点は十二分に承知しているので、そもそも私が持っている権利を相手に遵守《じゅんしゅ》して頂く以外のことは求めてはいないのだ。

それはエレベーターにて。

お腹を空かせた私はエレベーターの上三角ボタンを押す。今から食べることになるであろうスープカレー（なんでもいい）を想起して、なんだか若干の興奮状態にある。

見上げると一番上の階の数字のところに小さな光が点《とも》っていた。程なくしてゆっくり一つずつ、点灯する数字を減らしながらエレベーターが下降してきた。「1」に光が点るとやがて静かに扉が開く。

エレベーターに乗り込んだ私は四階（何階でもいい）のボタンを押した。夕方には終わるはずの仕事は押しに押して、外はもうすっかり暗くなってしまっていた（シチュエーションもどうでもいい）。立て続けにおきたイレギュラー、当て所のない小さな不満、そしてなかなかの空腹に少しだけ気が急《せ》いて、「閉」のボタンを幾度も押してしまった。余裕がない行動はどうにもさもしいと反省したところで、エレベーターの外に女の子二人を発見した。もしかしたらエレベーターに乗るのかもしれないと「開」のボタンを押しながら外の様子を伺うと、彼女たちは小走りで乗り込んできた。

「ありがとうございます」

ふウん、最近はこうやってエレベーターの扉を開けて待っていても、我が物顔で乗り込んでくるやつだっているのに立派なものだ。感心した私がどういたしましての代わりに「何階ですか」と訊ねると、一人の女の子がおそるおそる既に光が点っている「4」の数字を指さした。目的の階は私と一緒である。その階にテナントは一つしか入っていないため目的のお店もおそらく一緒であろう。私は了解の旨、軽く会釈をしてエレベーターの扉を閉めた。

上昇するエレベーターは一度も止まらずに四階に辿り着いた。開いた扉を示して彼女たちが先に出るように促してあげると、彼女たちは再びそれぞれに「ありがとうございます」と言った。

何とも素敵ではないか。きっと筋の通った親御さんをお持ちなのだろう。最近の若者は、なんて言葉を散々耳にしてきたが、私からしたらおじさんおばさんに対して余程ムッとすることだって少なくない。果たして年齢で人は括《くく》れないのだ。

達観したように頷きながらエレベーターを降りると、先に降りた彼女たちがお店の扉を開けたところだった。顔を覗《のぞ》かせた店員の方が言った。

「何名様ですか？」

「二人です」

「はい、お席ご案内しますね、どうぞオ」

開け放たれた扉からスパイスの香りが漂ってきた。食欲をそそる香りにワクワクし、小さく足踏みしていると、程なくして再び店員の方が顔を覗かせて私に言った。

「すみません」

「はい」

返事をした私に、店員の方は困ったように眉毛をハの字にして言った。

「満席なんですウ」

これだ。

小さく足踏みしてしまうほどにお腹を空かせた男の善意により派生した事態。二組以上が相乗りする状態に、一方の善意をひとつまみ加えることで、エレベーターは本来の順番を逆転させてしまう魔法の箱に変わる。

繰り返すようだが、文句を言いたいわけではない。そして特別に感謝をされたいわけでもない。発端は善意だ、だからこれはあくまでも不思議な気持ちなのだ。

そもそもこの結果も含めてレディーファースト（男であった場合も同様）であるからして、ぶーたれるくらいなら初めからそんなこと言うんじゃねエ、という意見も受け入れますし、先に降ろしてもらった側が今度は後から降りることを選んだ側に返礼すべきだとか、そういった定型じみた形だけの善意の応酬になっても気持ちが悪いことも承知している。

なかなかにねじ曲がったことを言うようだが、そこに悪意が少しでも存在してさえいれば責められるのに、とも思ってしまう。人の善意をなんたらかんたら、二時間だって三時間だって文句を垂れることも容易《たやす》いのに、と。

しかし悪意が存在しないこの状況、責めることは善意を無に帰《き》すどころか自らをしみったれた人間に変えてしまいかねない。だから文句は死んでも言ってやるものか、とそんな風に思っている。

ただ、このどうにも報われない事態は少しの想像力、双方の認識により減らせると思うので、気持ち悪くならない感じで双方が気持ち良くなれたらいいのになア、なんて思いながらこれを記している。

不満ではない。不思議な気持ちなのだ。

正直に言ってもいいのなら、不満寄りの不思議な気持ちなのだ。だから私は決してしみったれてなどいない。

永続する気持ちは存在するのか否か。なかなかに難しい。生きている分だけ出会い、生きている分だけ話し、生きている分だけ考える。なので自らが何もしないまま気持ちだけが同じ形で永遠に続いていくということは、多分あり得ないことなのだと思われる。

人に対してはもちろん、物にだって事にだって。大事にしたいと思うからこそ、慎重に伝えて、丁寧に向き合って、注意深く愛《め》でることが必要なのだ。

ただ終わりが来る可能性に怯えながら誰かと友達になったり、欲しいものに手を伸ばさなかったり、「愛している」という言葉を飲み込んだりしていたら、それこそ物事に始まりがなくなってしまう。だからその時思った気持ちと心を、きちんと自分の表面に出すということは絶対に必要なことなのだ。その時の気持ちが嘘でないならば、友達に対する「何があっても仲間だ」も、恋人に対する「死ぬまで一緒にいよう」も伝えて良いと私は思っている。覚悟して伝えたその後、どうやって尊い時間を長く守るかを都度、考え続けるべきなのだ。

と、幼かった私はこれと真逆の心情に陥《おちい》ったことがある。真逆というのは、どうやったら尊い時間を早く壊すことが出来るのだろうという心情だ。この尊い気持ちが永遠に続いてしまったらマジでやばいと思っていたのだ。

私は小さい頃、塩化ビニールで出来た人形同士を戦わせて遊ぶのが好きな子供だった。ただその好きは程度が過ぎる好きで、長編映画一本分くらいの時間を掛けて遊んでいた。無論、遊ぶ前にそれぞれの人形の配役と、その役柄の背景を周到に考える企画構成の時間は別にとっているため、トータルでざっと三時間近く。晩ご飯を跨《また》いで続きを遊ぶなんてことも少なくなかった。今思えば、人形を戦わせるということより、なぜ人形が戦うに至ったかの経緯を考えることの方に興奮していたのだろう。

こういった遊びはきっと誰もが通る道だと思う。しかしおそらく長い時間を掛けて通る道ではないと思うのだ。

経年に従い遊びというものは、人形がボールになったり、ボールがテレビゲームになったりする。挙げたのは一例ではあるが、夢中になるものは、出来ることの選択肢が増えるに伴って、だんだんと移り変わっていく。

しかし、私の場合、夢中になるものが移り変わっていくという経験をしながらも、人形で遊ぶことに関して飽きることがなかった。ボールも楽しい、ゲームも楽しい、ただ人形で遊ぶの

も ずっと楽しい、といった心情であった。

そして小学校の三年生くらいの時だったと思う。これちょっとみんなと違うな、というざわざわとした感じを覚え始め、取り止めもない不安に駆られた。しかしそんな不安を抱え込みながらも、昨日敵役を当てた人形に、今日は主人公の人形の父親役という真逆の配役を思いついてしまい、興奮が止まらない自分もそこにはいたりしたのだ。

このままいくと、大人になってもずっと好きだ。会社に勤めて、お嫁さんをもらって、子供が生まれて、多分それでも好きだ。どうしよう。

多分、本能的なところで、人と違っているということを恐れてしまったのだろう。どうして、「どうしよう」なのかはわからないが私は、人形で遊びたいという気持ちを滅する方法を日々考え始めた。ただ、一度頭を回し出すとどうにもやはり、一番お気に入りの透明の人形に、登場シーンの極めて少ない配役を当てるという考えもしなかった奇策などが思いついてしまい、鼻息を荒くするような日々を長らく繰り返した。

しかし、終わりがくることなど想像出来ないほどに没入し、葛藤に葛藤を重ねたこの事案だが、きちんと終わりがきた。それは具体的にいつと明記出来ないほど華麗に、心配事項からフェードアウトしていった。

あの日から、というきっかけもなく自然に。いつが最後なのかもわからないが、なんの変哲もないとある日を境に、二度と遊ばなくなったということになる。

心配事は一つ減ったし、無理矢理に断《た》ったことによる禁断症状のような時間もなかった。そのかわりに、やはり気持ちと心は変わっていってしまうものなのだなア、という一抹の寂しさを覚えてしまった。

心配になるくらい好きだったのに、不安になるくらい夢中だったのに。何もしなければ薄れて掠《かす》れて、自分からいなくなってしまうのだ。

そもそもが消えてしまうような気持ちなら、とも思うがこの先、一度でも伝えて、一度でも向き合って、一度でも愛でたのであれば、そんな尊い時間は出来るだけ長く守りたいと思うに至った。

かつて宝物だった塩化ビニールの人形たちは、多様にわたる配役を毎日きちんとこなし、いつの間にか私の前からいなくなった。でもきっとそれは気持ちというものの儚さを私に説くために、必要な別れを彼ら自身が選んでくれたとしか思えない。それか母ちゃんがサラッと捨てたか。

永続する気持ちがあるのか否か。きっとノーだし、多分イエスだ。

ただどうやら、曖昧な回答しか出てこないであろうこの類の問いには、永続性があることは間違いなさそうだ。

お嫁さんにするならどんな人がいい？　なんて質問をされることがある。どんな人でも構いませんよ、と答えたいところではあるがそういうわけにもいかない。博愛主義ではないので好きのレベルはそれぞれに違い、そのレベルに合わせて相手にお渡しする好きを変えている。まア、たいして変わったところのない価値観ということだ。

質問に対して、しばらくは「情に厚い人」と答えてきた。これは紛《まご》うことなき本心であり、兎《と》にも角にもこれがないとそういった話にすらならない。見た目云々は置いといて（絶対置いとけないのだが）これがない人に対しては興味すら湧かない。どれだけ容姿端麗であっても、薄情な人を見ると私はゾッとしてしまうのだ。

ただこの見解に対して、情に厚い人ってどういう人？　と質問を重ねられることが多い。抽象的なそれっぽい返答をした報いではあるのだが、毎度簡潔に言い表すことが難しくてやきもきしてしまう。「例えば」と、シチュエーションを挙げて順立てて説明するという高カロリーの返答に対して、相手はそこまでのボリュームの返答は求めていなかったというカタストロフィに、往々にして陥りがちである。

どうにか回避したいと日々頭を抱えていたが、駅の蕎麦屋で「これかも」と思うにあたる出来事に遭遇した。

私が座ったのはカウンター席。真ん中で縦に仕切られた長いカウンターは、両側にお客さんが腰掛けられるような仕様になっていた。

席について早々に、注文した蕎麦が出来上がる。割り箸をパキッと勢いよく割ると、私は蕎麦に手を合わせ、江戸の風を吹かしながら勢いよく啜《すす》った。あっという間に平らげ、お冷の入ったピッチャーに手を伸ばそうと身を乗り出したところで、目の前の席に女性のお客さんが座っていることに気が付いた。そして彼女も今まさに手を伸ばしたところであった。

客同士向き合う形で座るため、お冷はこっち側と、あっち側で共用する形で真ん中に置かれている。なので私と、彼女の手を伸ばした先にあるピッチャーは同じものだ。

幸いにも私は手を伸ばそうと身を乗り出しただけで、まだ手を伸ばすモーションには入っていなかった。なので、「あ、どうぞどうぞ」的な展開は回避することが出来た。別段急いでいるわけでもない。彼女が自分の水を注ぎ終えたら、一呼吸おいて自分も、そんな風に思っていた。

ここで私はあることに気が付いた。至極当たり前のことではあるが目の前のピッチャーには持ち手が付いている。もちろん片側に一つ。そして持ち手はその時、あっち側を向いていたのだ。難儀だ、と思った。彼女がお冷を注ぎ終えたら、まずは中腰になってあっち側まで手を伸ばし、持ち手を掴みにいかなければならない。まア、私は殊更《ことさら》喉が渇いていたわけではなく、食後の儀式的に水を求めていただけなので、最悪飲まなくても構わなかった。なのでなんとなく、ことの顛末を見守った。

女性は自分のグラスに水を注ぎ、やがてピッチャーを戻しにかかった。その時彼女は、サッと周囲を窺ったように見えた。多分だが私もその視界の中にいた。すると彼女は迷うことなくピッチャーの持ち手をあっちとこっちの中間、即ち真ん中に据えたのだ。

絶妙だと思った。文句なしの行動だった。気を遣ったことを相手に悟られることのない気遣い。粋である。私は心の中で拍手を送った。

しかし次の瞬間、彼女は驚くべき行動をとった。一度は真ん中に据えた持ち手を、自分の手首をグイッと返して180度反対側の位置に向け直したのだ。

なるほど、真意は明白だった。この行動は対面に私がいることを踏まえ、彼女の左側にサラリーマンと思《おぼ》しき男性が座っていたからに他ならなかった。右利きであるはずの彼女がわざわざ持ち手を左側に向け直したこの行動は、私の中の想像を悠然と越えてきたのだった。

これかも。

お嫁さんにするならどんな人がいい？

そんな時は、今日の出来事を語るのだ。それに加え、「誰かに対して想像力を働かせられる人じゃないですか。俺、こういう細かい土壌の上に、人情って生まれると思うんです。気持ちを慮《おもんぱか》って、汲み取ることが出来る。だから人を蔑《ないがし》ろにしない、ってことに繋がると思うんですよね」という長尺の説明をする。そして最後に「即ち、情に厚い人ですね」と〆括るのだ。

だめだった。進展がなかった。

それどころか、気遣い、という点に重点を置きすぎた説明のせいで逆にややこしくなった。

折角「これかも」という出来事に遭遇したのならば、今回の事案に加え、今までの「情に厚い人」をマッシュアップさせた最良の返答を、今のうちに見つけておきたい。

考えてる間にもう一杯、ときつねそばを頼んだ。待つこと30秒、どんぶりから立ち上る出汁の香りに思考が一瞬緩んだその時、最良の答えが頭に浮かんだ。

「人に優しく気遣えて、ちょっと先の誰かの気持ちを想像出来る人」

これだ。本心を偽らず、具体性にも富んでいる。ある程度の質問はされるかもしれないが、なんかもはやどうでもいい。これからはこれでいこう、と、私は最高の気持ちで蕎麦を啜った。

二杯目の蕎麦を平らげた時、気が付くと目の前には誰も居なくなっていた。本当は彼女に握手を求めたかったが、仕方がない。

水を飲もうとピッチャーに手を伸ばす。

しかし私はすんでのところで手を止めた。そして私は中腰になって、あっち側まで手を伸ばした。

彼女の左隣に座っていたサラリーマンと思しき男性が座っていた位置に、持ち手があったからだ。

「ごちそうさまでした」

私は店を出て思う。何十億人と生きるこの世界にあの機微を持つ人間は、本当に少ないだろう。そして出会える確率を考えると、こうも思う。結婚って難しい。

そしてその人が「人に優しく気遣えて、ちょっと先の誰かの気持ちを想像出来る人」と答えるような人間をお婿さんにしたいと思うかどうかは、また別の話なのだとすれば、改めて思う。

結婚ってまじむずい。

基本的に音楽のことであればある程度の応用は利くタイプである。元来そうであったわけではなく、時間と経験を重ねた結果だと思われる。志した当初のことを考えると、よくもまアぬけぬけと応用の利くタイプ、などと自分で言えたもんだとも思うのだが、長く続けさせて頂いていると否が応でもそうなってくる。どんなに柔らかい手であってもペンを握り続ければたこが出来る、そういうものだ。

しかしながら、どうにも対処できなかった事案が過去に一つあり、それは今でもトラウマのように記憶に残っている。三年以上も前のことになるのだが、三年以上経過した今の自分であってもきちんと対処出来る自信はない。不可抗力とでも言うのだろう。あれはそうだ、天変地異に近い。

我々は初のホールツアーを回っていた。満員御礼の数々の会場を見る度、まさか自分たちがこんな景色を作れる日が来るなんて、と感慨深くなる毎日だった。

結成してからずっとライブハウスに軸を置いていたため、ホールというものが果たしてどういったものなのか皆目見当もつかなかったのだが、実に素敵なものだった。ライブハウスとの大きな相違点は座席があることだが、その結果、幅広い年齢層の方が足を運んでくれるということがわかった。見やすく、何より安心して観賞が出来る環境では、普段ライブハウスに足を運んでくれる方に加え、そういった方の親御さん、延《ひ》いてはお子さんに至るまで様々な顔を見ることが出来る。ホールのフロアはライブハウスとは違った側面の、なんとも心温まる魅力があった。

その日も某土地、某ホール。ライブも終盤に差し掛かり、目の前の光景にグッときていた。あと数曲を残したところでMC。この日の感謝、これからの展望、話し出すとキリがない。一階二階三階、どこを見てもそれぞれに素敵な表情。良い日だなアと各所を見渡し、手を振ったその時だった。

「ぱぱー」

ちびっこの声が響いた。

あまりに絶妙な間だったため会場が一旦静かになった。ありとあらゆる視線が声がした方に向いている。そこは両翼に少し張り出した二階席だった。

あ、これ、なんか、まずくね？　と思った。なぜなら丁度そこに向けて、私が手を振ったタイミングだったからだ。突拍子もない間で響いた「ぱぱー」ならまだしも、私の目線も行動も伴っていたのだから、そりゃ私に向けられた「ぱぱー」だと誰しもが思うだろう。意味深長だ。

唾を飲み込む。背中を一筋、汗が伝った。

あと、断っておくが私は独身である。そして子供はいない（はず）。したがって渋谷ジュニアではない。

ちなみに私は知っていた。幼い男の子がいることを。あの場所で観て下さっているご家族がいるのを。だから、意図して手を振ったのだ。それがまさかこのような事態を招くことになるとは。

しかし、瞬時に思い至った。

ちびっこのところに視線が集まっているのは逆に好都合ではないか、と。なぜならあそこにはご家族がいらっしゃるのだから。ちびっこと、お母さんと、そして本当のぱぱーが。真相は一目瞭然になる。

何も恐るるに足らん。余裕を取り戻した私は再び張り出した二階席に目を向けた。

ちびっこ確認。

お母さん確認。

ぱぱー不在。

ガ――――――ン。

なぜ。

でもそうだよね、ぱぱーいたらそんな大きい声で呼んだりしないよね。ぱぱーどうしたのかな？　お仕事の人と電話してるの？　それともおしっこ行っちゃったかな？

すると、お母さんがこのタイミングで絶妙な素振りをした。注目されていることに気が付いたお母さんは、ちびっこの口を押さえてからぎゅっと抱き締め、眉を軽く下げて困ったようにはにかみ、方々に向けてゆっくり頭を下げたのだ。

いや生々しい。なんかボーカルの女房感出てますけど。焦ってバタバタしないから逆に「あ、主人がいつも」的な生々しさ出てますけど。

これは穏やかではない。歌ってかいた汗が、あっという間にひやっとした異質な汗で上書きされた。弁解に走るのも変だし、全力で否定するのも妙だ。いっそ乗っかってぱぱーになってみるのも手かもしれないと考えたが、その後の始末に奔走することを考えたら得策とは言えない。何をどうしてもこの場合は裏目に出てしまう気がして、頭の中がチカチカした。

おそらくリアクションをしないでいることが最善だったのだろう。しかし焦れば焦るほど人は無駄に動きたくなるものだ。私は必死に考え、考え抜いた上で笑うことに決めた。

「ズァハハハハハ」

自分でもびっくりするくらい変な笑い声は、優秀なマイクに拾われ、最適な音量で会場に響き渡った。ホールの鳴り方が、憎かった。

万策が尽きてただ立ち尽くした。もはや事態に対する焦りも、対処出来ない事案に対する恐怖もなかった。そしてだんだん、あのちびっこはもしかすると本当に息子なのでは、とまで思えてきた。

ステージに立って手を振る父の姿を見て、息子はいつものように父を呼んだだけか、そうか、そうだよな。でもな息子、聞いてくれ。今、私はステージの上にいる。ここでの一番はお前じゃないんだよ。今は理解することが難しいかもしれないけど、これが私の生き方なんだ。本気でやるから見ててくれ。

大きく息を吸い込んだ私は、もうすっかり冷静だった。さア、ステージを続けよう。

小さく笑って、今一度、二階のちびっこを見つめた。そして目で問うた。

「なア、どうだ。ぱぱーかっこいいか」

あの日のことを思い出すと胸の奥がぎゅっと締まる。

最後の曲の途中、急いで席に戻ってきたぱぱーが見えた。三人が揃って、肩を寄せて、それはもう紛うことなく「家族」だった。

曲が終わってステージを降りた。楽屋に戻って鏡に自分を映した。長い時間私と目を合わせて、そして思った。

私はバンドマンだ。ぱぱーじゃない。

それが悲しいわけではない、ましてや悔しいわけでも。ただ、どういうわけか、寂しかった。


いつか再び、あのちびっこと会う機会があったとして。もしかしたらちびっこは私のことを見て言うかもしれない、「ぱぱー」と。

そしたら私はゆっくりしゃがんで、ちびっこと目線を合わせる。それから肩に優しく手を置いて、一度は父と息子だった過去なんてきっぱりなかったことにして、言うのだ。

「ぼうず、何言ってんだよ」と。とびきりの笑顔で。

以前友人と乾杯していた折に、それぞれの仕事の話になった。

まだ二杯目だというにも拘《かかわ》らず目の前で茹で蛸《だこ》のように赤くなっている彼は、同じ居酒屋で共にアルバイトをしていた仲間だ。二十代前半から三十歳を目前にするまでの長い間、我々は一緒に働いた。

いくつかの仕事を経験したそのノウハウを活かして（本当のところ活きているのかは謎）、マーケターという耳馴染みの少ない職についた彼は、仕事の話題と女の子の話題のその隙間で、不意に私に訊いた。

「で、お前、年収いくらもらってんの」

私は飲んでいたビールを吹き出しそうになった。「いや、お前さ」

「ん？」

「いくらなんでも、そういう質問は失礼だろ」

「そうかそうか、ごめん、あはは」

「あはは」

我々はその後しばらく飲んで、割かし健全な時間に解散した。友人は終電に乗るため駅に、私は酔いを覚ますために家路を歩いて帰った。

久しぶりの会合であったため話に花が咲いた。学生時代に出会っていてもきっと仲良くはならなかった類の男だが、初めて対面した時からどういうわけだか打ち解けることが出来た。それからバイト先で長い時間を共有することになり、やがて互いに仕事でご飯を食べていけるようになった。それぞれに歩んだ先で偶然にも交わった人生、現在はまたそれぞれに一生懸命歩いている。だからこそ今でもこんな風に交流があるというのは、なかなかに素敵なことだと思えた良い夜だった。

車の通りが少なくなった明治通りを、余韻に浸りながらゆっくり歩く。しかし夜風に吹かれているうちに、私の思考は妙な形で冴え始めた。

「お前、年収いくらもらってんの」

先程の会話が、どうにも気になる。

彼はあの時、然《さ》もありなんという様子で私に訊いた。正直、あけすけによくもそんなことが言えたものだと目の前の男に対して思ったし、デリカシーを欠いたやつだ、とさえ思った。私は口に含んだビールの逆流を制して、これがまともな社会人です、といった具合に姿勢を正して返答したのであった。

「いくらなんでも、そういう質問は失礼だろ」、と。

そうなのだ。厳密に言うと、気になっているのは私がしたこの返答の方だ。

一体どうして。あの質問のどこが失礼にあたるのだろう。

そういったプライベートなことは、というのが世間一般の見解になるのだろうが、それを持ち出すのだとすれば普段している世間話など、それとは比較にならないくらいプライベートだと思う。解散間際までしていた女の子の話などその筆頭で、今気になってる子がどんな子でどういう出で立ちなのか。交わした会話やメールのやり取り、「ここだけの話」と言いながら特に罪悪感も持たずに話した、記述出来ないようなあれやこれ。別段了承も得ずに、我々の興味だけで訊いたり答えたりしているではないか。

だのに。お金の話に小さく一歩踏み込まれた途端に私は、いくらなんでも、とまで言って当然のようにはぐらかしたのだ。

その結果友人はすぐに納得して謝り、挙句どういう訳か笑ったのだ。「そうかそうか、ごめん、あはは」

そして私も手紙にお返事をしたためるような丁寧さで笑ったのだ。「あはは」

解せぬ。納得して謝る友人も、すんなり謝罪を受け入れて笑い返す私も。

なぜこうもお金の話というのはあけっぴろげにせず、包み隠すものなのだろう。トラブルの原因や、確執に繋がることになりかねないのはよくわかるのだが、確実に回避出来るであろう間柄であったとしても、どこかタブーな気配を滲《にじ》ませている。腹を割って話してみても、どういうわけか皆小声だし。

我々がお金の話に対してこのようなスタンスを取るのはなぜなのか。しばらく頭を回してみたが答えらしい答えに行きつかなかったので、みんなのグーグル先生にお伺いを立ててみたところ、それはあなたの倫理観次第です、といった投げっぱなしジャーマン的な考察しか載っていなかったのですぐにページを閉じた。

もはやこれは、御御御付《おみおつ》け的な「なんか念入りに丁寧に粗末に扱わないようにした結果どうしてそうなったのかはわかりませんがこれはそういうもんなんです」といった着地しかないのだろうか。これが脈々と受け継がれてきたお金に対する日本人のスタンスなんだよ、という、答え未満の着地で納得する他ないのだろうか。

かくいう私も、とりわけお金の話もオープンにしていこうよ、のスタンスではないので、これは問題提起というよりもただの疑問に近い。そして、元も子もないことを言ってしまうならば、実はどうでもいい。

まア、パーソナルはそれぞれ、感じて感じさせながら生きていくのが良いように思う。人には踏み込まれたくない場所がある。そして同じ場所であったとしても、この人は許せるがあの人は許せないというパターンだってあるのだ。

恥ずかしかったり、全然余裕だったり、辛かったり、痛くも痒《かゆ》くもなかったり。人には人のパーソナル。乳酸菌と一緒。

私にしてみれば給与明細を見られるよりも、「年収を訊く　失礼　何故」と残った検索履歴を誰かに見られる方が、余程辛かったりする。

割とどうでもいいルールが、私には多い。

それは人様に迷惑をかけることではなく個人で完結することばかりなので、直しても、別に直さなくてもいいかなア、とも思っている。

私は、長袖でご飯を食べることが出来ない。

上着を着た状態で箸を持つなんて言語道断、どれだけ寒かろうが腕まくりをしないと食事に手をつけることすらままならない。

このようなルールは小さい頃から数え切れないほどたくさんあった。各メディアでよく話させてもらっている、「右手で触ったものを左手でも触らないと気が済まない」というのもその筆頭で、とにかく自分の中でこうだと決めたら逸脱するのが大変に難しくなってしまうのだ。

なぜそうなってしまうのか。起源がわかっているものもあるが、ほとんどのものはいつの間にかそうなってしまっている。何度か無意識に繰り返していく中で習慣化され、いつしか圧倒的なルールとなってしまうのだろう。

ちなみに今回挙げた「長袖でご飯を食べることが出来ない」は珍しく前者だ。外部から与えられた刺激から、図らずも身についてしまったルールである。

あれは私が居酒屋さんでバイトをしていた時だ。歳の頃は二十五、六といったところだったと思う。一つ一つの仕事にすっかり慣れ、余裕がある時間帯には気を抜いてお客さんの観察なんかも出来るようになってきた時分。

その日、私は席担当。入り口付近にある三十六席の接客と提供を任されていた。私がアルバイトさせてもらっていた店は一六六席ある割と大きな店で、単価が高いにも拘らず常に満席状態の繁盛店だった。なのですっかり慣れた状態であっても、お客さんの様子をしっかり窺ったり、軽く会話をしたり出来るのはピークを過ぎた二十二時前後。だから目の前のジェントルに大きな欠伸《あくび》を目撃されたのは、丁度それくらいの時間ということになる。

ようやく本日のゴールが見えたので一度深い呼吸をしたところ、それに誘発されるように、油断が形となって出てしまったのだ。ジェントルは私に向かって微笑んだ。

「いつもこんなに忙しいんですか」

ビシッとスーツを着た壮年のジェントルは、私を労うようにそう質問してくれた。私は姿勢を正して頭を下げた。

「失礼しました。そうですね、平日でもいつも忙しくさせて頂いてます」

油断したところを見られてしまい少しバツが悪かったので、私は苦笑いしながら小さな声で答えた。

そんな私を見て優しく微笑んでくれるジェントルはスマートそのもので、こういう四十代って素敵だ、と思わせてくれた。そう思わせてくれたのにはもう一つ理由があって、ジェントルはすごく綺麗なギャルを連れていたのだ。少々下品な言い方になるが、本当にグンバツだった。いいなアこういう四十代になってやる、と私は誓った。ちなみに四十代というのは憶測で、ジェントルというのは営業中に席を印象付けるために、私がこっそりつけたあだ名である（撫で肩さん、ルイヴィトン、小声王子、刺身ちゃん、思い出すと色々いた）。

背後の個室で呼び出しがあったので、もう一度サッと頭を下げて席を離れた。

その後はなんだかんだあまり落ち着かず、バタバタ動き回っていたら二十二時半になった。新しいおしぼりと温かいお茶を持参して、お食事のラストオーダーを取りに回る時間だった。それぞれの席でオーダーを受け、私は再びジェントルの席に戻ってきた。

「失礼いたします、間もなくお食事がラストオーダーの時間です。よろしければデザートのメニューもございますのでご覧ください」

デザートのおすすめなので、主に女性に話しかける。私がギャルにそう言ったのを受けて、ジェントルは親しい人間に向ける時の低く小さな声で、ギャルに何か食べるか訊いた。ギャルは小さく笑って、それを遠慮した。ジェントルは私に身体を向けて言った。

「ご飯が美味しかったのでお腹がいっぱいです。デザートは結構です、ありがとう」

いやはや断り方が上手。すごいねジェントル、こりゃギャルも惚れるわ。私が密かに感心していると、ジェントルはサッと右手を挙げて私に問うた。

「飲み物はまだ注文出来るんですよね」

「はい、お飲み物のラストオーダーは」私はここまで言って二の句が継げなくなった。私の視線も思考も、ある一点で止まってしまったのだ。このままだと明らかに変な時間が生まれてしまうので、私は慌てて口を開いた。「えっと、あ、二十三時です」

私はその間もずっと凝視してしまっていた。それは紳士が挙げた右手の少し下、肘のあたり。

私は、思った。

米だ、と。

ジェントルの右肘には、なかなかの量のご飯粒が付いていたのだ。おにぎりを作るには少ないけど、少しというにはあまりにも多い量のご飯粒。一体、何をどうやったらこの量のチャーハンを肘に付けられるというのだろう、見たことない。私は磁石にくっ付いた砂鉄を思い浮かべていた。少し緑がかったそれは、明らかに先程注文した京高菜のチャーハンだった。

わア、こんなにかっこいいのに。こんなにジェントルなのに。

かっこよかっただけに、ジェントルだっただけに、なんだかショックが大きかった。

そして反動が大きかった分、私は露骨に、その、なんというか、引いてしまったのだった。

同時にこの時、私は致命的なミスをしていた。ギャルが私の視線の先に興味を持ってしまったことに気が付けなかったのだ。

気が付いた時には完全に手遅れだった。

ギャルは見た。ジェントルが挙げた右手の少し下にある、肘と小チャーハンのセットを。

声を出さなかったのは偉かったが、口も顔も完全に「あっ」だった。

やってしまった。正確にはやってしまったのはジェントルで、自分は関係ないっちゃ関係ないのだが、映画の緊迫したシーンで自分も背中が強張ってしまうのと似た感覚だった。

後は二人の関係性に委《ゆだ》ねるしかない。こういったミスも、「もう可愛いんだから」的なやり方でギャルが注意できるくらいの深さで繋がっている二人であることを祈るのみ。

だが、ギャルはやがて口をつぐんで、ゆっくりと何もない右斜め上の虚空に視線を移した。

わア、まだ浅かったか。

ならば私が、とも思ったが、いくつもの浮かんだ言葉を、実際に発する度胸を生憎《あいにく》持ち合わせていなかった。

微笑むジェントル、虚空を見つめるギャル、黙る店員。

なす術《すべ》がない私は、下唇を噛んでその場を退いた。

センセーショナルな出来事だったので、それからのことは正直はっきりと覚えていない。気が付いた時にはジェントルもギャルも席を立っていた。

閉店後、椅子を上げて床を掃除しているところに店長が駆け寄ってきた。

「しぶちゃん、どうしてお見送りこなかったの」

店長は先程までジェントルとギャルが座っていた席を指して言った。なんと返したらいいものかわからず、謝ることしか出来なかった。

「すみません」

「駄目だよ。自分が担当したお席でしょ。次からはお見送りまでしっかりやろうね」

そう言って背中を向けた店長を私は呼び止めた。

「店長、あの」

店長は振り向いて、どうしたの？　といった具合に首を傾《かし》げた。ただ、うまく気持ちをまとめることが出来ず、すぐに「なんでもないです」と笑顔を作った。店長は訝《いぶか》しげにもう一度首を傾げると、背中を向けて去っていった。

今日この後、どこかのタイミングでジェントルは肘のチャーハンに気が付く。もしかしたらもう気が付いているかもしれない。そして思うだろう、入店時にジャケットを預けていれば。席に着いたタイミングで脱いでおけば。チャーハンが到着するまでにシャツになっておけば。

袖褄《そでつま》を引き合った二人は、袖が長かった、というだけで袖に時雨《しぐ》れる。

他人事ではない。いつ自分が当事者になってもおかしくはないのだ。

ジャケットは危ない。いや、そもそも長袖で食事は危ない。

「もし、肘についたチャーハンに気付いたら、店長だったらどうします?」

食卓に着いて腕まくりをする度、訊けなかったあの日を思い出す。

男は男に、そして女は女にだけ、言えることがあると思っている。ジェンダーレスの声が上がっているこの時代に反旗を翻《ひるがえ》そうという意味ではなく、餅は餅屋的なそういう意味である。誰しもに押し並べて同じようにものが言えたのでは、人と接することの面白みに欠けると考えているので、私は案外良いことだと思っている。

あの人だから言える、友達だから言える。両親だから、先生だから、お店の人だから、男だから、女だから、言えることがそれぞれにある。同時に、言えないことも。

以前初台のあたりを歩いていた。大きな交差点、タイミング悪く進行方向の信号が赤になってしまった。

快晴の空の下、甲州街道は日の光を反射させながら行き交う車で溢《あふ》れている。ぼうっと街を眺めていると、後ろから来た自転車が私の少し先で止まった。別段なんの意図もなくその自転車に目をやるとうっかり発見してしまった。自転車を運転するのは若い女の子、そして困ったことにその子のスカートの裾はリュックサックと背中に挟まって、随分と上まで上がってしまっていた。

たまに見えるパンツに関しては力強くガッツポーズを取れるのに、こういったアクシデント系のパンツはどうにもバツが悪くなるのはなんでだろう。私はそんなことを思いながら、指摘しようと一歩踏み出した。

しかし、すぐに思いとどまる。これ、女性からしたら、この状況を男に指摘されるのってどうなんだろう。伝えないより伝えた方が絶対に良いのだろうが、伝え方如何《いかん》によっては思った以上の恥をかかせてしまうことにもなりかねないよなア、とその一歩で停止した。

大きな交差点である、なかなか変わらないとはいえ赤信号はやがて青信号になる。思い悩んでいる暇はないことはわかっていた。けれど最も良い手がわからない。何台もの車が目の前を通り過ぎる、どうしたものかと逡巡《しゅんじゅん》しているうちに時は過ぎてゆく。

左手に見える歩行者信号が点滅を始めた。そこで私はようやく腹を括った。最善の手はわからずとも、このまま黙って女の子を行かせてしまうわけにはいかない。私は意を決して次の一歩を踏み出した。

ただ、決意して踏み出した二歩目は女の子に向けてではなかった。私が向かったのは、買い物帰りと思《おぼ》しき恰幅のいいマダムのところ。この状況を男から指摘されるより、女性から指摘された方がダメージが少ないだろうと思ったからだ。私はズンズンと、マダムに迫った。すんでのところで私に気が付いたマダムが警戒して身体を引いたのがわかった。しかし、事情があるのだ、引き下がるわけにはいかない。私は言った。

「ショウマストゴーオンなんて言われてますけどね、やっぱり上がりっぱなしってのはどうなんでしょうか」

「え？」

「いや、意図せず上がってしまった幕に関しては、すぐに下ろすべきだと私は思うんですが、いかがですか」

マダムは私から一歩離れた。そうだよね、怖いよね、私のオブラートが分厚すぎたよね。

左手に見える歩行者信号は既に赤、自動車信号も右折の矢印を青く光らせている。事態は一刻を争う。なりふり構っていられないと思い、マダムが離れた分の距離を詰めた。私は早口で言った。

「私からじゃ、どうにも嫌な思いをさせてしまう気がして」

「は？」

「指摘してあげてくれませんか」

私は自転車の女の子の後ろ姿を指さした。

訝しげながらも私の指先に視線を向けたマダムは、すぐに合点がいった様子を見せた。そして私と目を合わせると力強く頷き、躊躇《ためら》うこともなく買い物袋を揺らしながら歩き出した。祈るような気持ちでことの顛末を見守る。大胆に女の子の真隣を陣取ったマダムが、素早く女の子の耳元に顔を寄せるのが見えた。はじめは困惑した様子を見せていた女の子だが、マダムの剣幕に押されておそるおそる耳を傾けた。

その直後。人知を超えたスピードで女の子は、スカートの裾を引っ張った。それはもうあっという間の閉幕だった。

マダムの迅速な行動、そして女の子の素早い対応、トータルでおおよそ四秒。あまりに見事だったため私は拍手をしてしまいそうだった。しかし、カーテンコールと思われて再び幕が上がってしまったら大変だと、すんでのところでグッと堪《こら》えた。

放っておくよりも、私が指摘するよりも、マダムが動いてくれて良かった。やはり誰が伝えるかは時に、何を伝えるかよりも大切な気がした。

胸を撫で下ろして私は二人を眺めた。女の子は恥ずかしそうに何度も何度も頭を下げ、マダムは柔和な笑みを湛《たた》えて女の子に応えていた。するとマダムが一瞬だけこちらを気にしたように感じた。勘違いかな、と思ったその直後、マダムは私に背中を向けたまま、誰にも気が付かれぬようにゆっくり右手を真横に突き出し、そしてサムズをアップした。

フゥ、COOL。

「T2」のシュワちゃん形無しじゃん。私はぺこっと、その背中に頭を下げた。

気が付けば信号はとっくに青に変わっていた。

我々はそれぞれに動き出す。

豆腐の透けた重たそうな買い物袋を揺らし優雅に右に曲がるマダム。恥じらいに自ら幕を下ろし力強く直進する女の子。しんがりを務めるのはなかなかどうして突然のドラマに感動を覚えてしまったバンドマン。私たちは多くを語らず、しかし多くを共有した。

私は誰にも気が付かれないように心優しきマダムに、そして紫のパンツの女の子にも、小さくサムズをアップした。

どうにもこれは、と思うものがある。それはある人にとっては虫であったり、ある人にとっては人であったり。嫌悪の理由も千差万別で、わかりやすいものから生理的に無理といった理屈では説明が付きづらいものまで様々。

私にももちろんある。私の理由は至極単純で、汚いと思うからだ。

それは清潔が猛スピードで走っているような、あの新幹線の中にある。

女性の方には馴染みがないかもしれないが、新幹線のお手洗いは個室の他に、人が一人立つだけの猶予と小便器だけが設《しつら》えてある男性専用の半個室がある。どうして半個室という言い方をするのかというと、扉の上部がクリアになっているからだ。扉自体には鍵がなく、使用している誰かがいるかどうかは扉上部のアクリル越しに背中が見えるかどうかで判断する。電話ボックスの中に、電話ではなく小便器があると思って頂けたら話が早いかもしれない。

そしてこの場所には、普通の御手洗いにはないものが一つ設置されている。これこそが私がこの上なく触りたくないものだ。

バーである。

それは身長差はそれぞれだが大体、へそより上、胸より下あたり、小便器の上に横向きに備え付けてある。

座席、廊下、そして御手洗い。改めて周知の事実ではあるが、新幹線は目的地の往復ごとに清掃が入るため、常に清潔に保たれている。しかし私が抵抗を感じているのはそういうことではなく、その用途にこそある。

これ即ち、用を足している間に無防備になった男性諸君、揺れたらここに掴まりたまえよ、という旨設置されたものである(もちろんバリアフリーという点で見れば、なくてはならない物であることは承知しているのだが、ここではその点は割愛)。

安全面を考えると確かにありがたい。静かに走る新幹線といえど、急角度のカーブに差し掛かれば車体は傾く。その頃合いで丁度真っ最中だった場合、中断出来なかった小便をあたりに撒《ま》き散らしながら転倒する恐れだってある。そんな最悪の事態を未然に防ぐためにこのバーは存在している。

数々の男たちのピンチを救ってきたであろうこのバー。大きな事故を未然に防いできた男たちのヒーロー。

ただ、一度問いたい。

思わぬ大きな揺れ。たわむ身体。慌てて掴んだ目の前のバーを握る直前まで、あなたのその手は一体何を握っていたのですか、と。

バーからバーへ、ってなことにはなりませんか、と。

リスクマネジメントとして、周到な人間であれば用を足す前からいずれかの手でバー（新幹線の方）を掴んでいることも考えられるが、それにしたって開始の段階に至るまでに絶対に両手は使う。いずれにせよ新幹線の方ではないバーに触らず開始することは不可能なのだ。

もちろん閉鎖的な空間であるから、誰かの現場を直接目にしたことはない。でも、絶対にそうじゃん。なぜわかるかって。

かくいう私もうっかり掴んでしまったことがあるからだよ。

ただ当時はこのバーについて深くを考えたことがなかったから、「あっぶね」くらいの軽い気持ちでそこにあるバーを掴んだ。後《のち》に、何かの折にというわけではないのだが、なんとなく考えてみたところ現在の思考に至り愕然とする。だからおそらく皆押し並べて、深く考えずにあのバーを握るのだ。それこそが最大の落とし穴だと気が付かずに。

もはやこうなってくると、あのバーが自らの価値を自覚し、こちらに向けた一口サイズの悪意を持っているように思えてくる。親切な顔で、無償で力を貸すようなふりをして、実はほくそ笑んでいるのではないかと。こう言ってはなんだが、金銭が発生していないだけマシであるように思えるが、金銭が発生しない分変態っぽい。

だから私は真っ最中であったとしても、みだりな力に組み伏せられるくらいならば、小便を撒き散らしながら派手に転倒した方がましだと思ってしまう。屈辱に耐えながら背中を小さくして席に戻るより、いっそのこと濡れ散らかして肩で風を切って大股で席に戻りたいと思ってしまうのだ。

そこまで言うなら代案の一つも出したいところではあるが、残念ながらただ無機質に設えてあるだけのあのバーに代わるものを見つけることが出来ない。情けない話である。そしてただの親切心が故の設備に対して、こんなにやんや言うこと自体がそもそも情けない話なのだが。

まア四の五の言わずに小便くらい我慢してろよ、という話で帰結してしまいそうになるのだが、無類のコーヒー好きに加えて、すぐ尿意を催す私だからそうも言ってられぬのよ。

今欲しいものは誰をも納得させられる打開策を捻《ひね》り出せる頭、そしてそれより、揺れる車内で四の五の言わずに堂々と立っていられる体幹と、大きめの膀胱だ。

人と話をするのが好きだ。自分が知らないことを知っていたり、自分より面白い体験をしていたりという根底が好奇心の場合ももちろん、この人と話してたらなんか落ち着くとか、そういった理屈では説明出来ない場合も、そう。

常に誰かと繋がっていたいという願望がない自分にとって、この一瞬のコミュニケーションは掛け替えのないものであり、自分の思考、行動の選択においてかなり重要視している大切なものである。

その人のパーソナリティが窺えるのも良い。話題、選ぶ言葉、話すスピード、声のトーン、語気の強さ、目線。当たり前の話だが、人柄が最も顕著に出ると思う。そこからその人の魅力の源を発見出来た時には（もちろん逆もある）、すごくワクワクしてしまうのだ。

だから話をするのが好き。人の話を聞くのも、自分が話すのも。もちろん誰でも彼でもというわけにはいかないが、相手がどんなことをどんな風に話すのか、大いに興味がある。

しかし、そんな私でもＮＧな話題が一つある。厳密に言うなればうまく話せないならＮＧなのだが、この話題でうまく話せる人にあまり出会ったためしがないのでままでよし。

夢の話だ。

もちろん野心や目標を指す夢ではなく、眠りについた時に見る夢のことである。「昨日見た夢の話なんだけどさ」は、これから始まる約五分間が地獄になることを暗示するものだと思っている。

というのも、やはり己ワールドで巻き起こる荒唐無稽な話がほとんど、しかも虚像であるときた。話題全てに生産性を求めているわけではないのだが、心苦しいが終《しま》いまで聞いたところで「え?」か「は?」になることが常。正直、苦しい。ごく稀にその人が、エンターテイメントとして完成させる凄腕おしゃべり師であるパターンもないことはないのだが、それこそ、そんな夢のような展開は絶対に期待してはならない。

『夢の話マジやばくね思考』が私に備わったのには明確なきっかけがあった。あれは高校の昼休みだった。大事な休み時間の全てを掛けて夢の話をされたことがあるのだ。昼休みがおしまいになることを告げるチャイムが鳴った時、まアまア仲の良かった彼女が一仕事終えたような満足げな風体であったのに対し、私は半べそだった。

「ねエ渋谷」

「ん?」

「聞いて聞いて」

「どした」

「昨日見た夢の話なんだけどさ」

「うん」

「なんか、友達の家で遊んでて急にその家のお母さんが怒ってくるのね。で、そのお母さんちょっとずつ顔が変わってきて私の叔父さんと同じ顔になってくるの。私それに気付いて笑っちゃうんだけど、あ、待って、これちなみに設定が小学生の時ね、私その時一番好きだった服着てたから覚えてて、赤いワンピースで肩のところに青い線がピーって入ってるの。私いつもその服着てたんだよね。で、なんだっけ、そうだ、ゆりちゃんのお母さんが、あ、友達ゆりちゃんっていうんだけど、そのお母さんの顔が、あはは、私の叔父さんなの。っていうか、顔っていうより全部叔父さん。で、なんでか叔父さん手にプラモデル持ってるの。意味わかんなくない?　で怒ってたと思ったら急に誕生日の歌歌い出して、そのプラモデルをゆりちゃんにあげるの。そしたら私も何かあげなくちゃいけないことになって、で、多分そもそもその日ってゆりちゃんの誕生日じゃないから、私何も持ってなかったと思うんだけど、でもそれでゆりちゃん泣いちゃうのね。で、急遽《きゅうきょ》私新幹線に乗せられて恵比寿に行かされるんだけど、ねエ、ウケない？　なんで新幹線で恵比寿なの、逆に時間掛かりそう、まじ。で、席に座ったら、隣の席が滑り台みたくなってて、（中略）、で、でね、結局そのプラモデルがさ、実はそのウサギのだったの。例の木のところで休んでたウサギ。って、わかった瞬間に目が覚めたの。やばいよね。あ、チャイムだ」

「え？」

「じゃアね」

「は？」

なのだ。二、三周回って、どうすることも出来なかった自分が悪かったのかもしれない、とすら思えてくるのだから物凄く強力だ。

彼女の話が極端に下手だったのかもしれない。しかしこれに関して言えば話題がもっと良くない。どんな優秀なコックさんであっても、食材が傷んでいたら美味しい料理を作ることは叶わないのだから、コックさんでもない料理未経験の人間が、傷んだ食材を素手でちぎって渡してきた今回のような場合は、暴力の一種と言っても過言ではないだろう。

あの時間はなんの時間だったんだ、とその晩眠りにつくまで引き摺《ず》った気持ちは、次の日が来てもなくなることはなかった。

夢の話が始まった時に大いに警戒するようになったのと同時に、相手に話をする時は、受け取った側の気持ちも想像して話題を選ぶことに気を付けなきゃいけないなア、と私は思うようになった。


ただ、一言だけ。魔法のような言葉が存在する。

夢の話をしようとしている片鱗が見えただけで、急用をでっち上げてその場から逃げようとする『夢の話マジやばくね思想』の私であっても、食い下がってでも内容を聞きたくなる魔法の言葉。

「昨日、夢に渋谷くん出てきたよ」

だ。

これ言われた時だけ、滅茶苦茶気になる。「え、何してた、俺何してた」と食い気味に続きをせがんでしまう。それがたとえ夢の話であっても、その内容が滅茶苦茶であったとしても、人様の目に自分がどんな風に映っているのかは、やはり気になるのだ。

結局、私は自分が好きなんだろう。いや、違う。みんな自分が好きなのだ、結局。

どんな瑣末《さまつ》なことでも自分が一枚噛んだ途端に、誰しもが前のめりにならずにはいられない。

自分を軸にそれぞれが回す地球に人の数だけ点在する己ワールド。そりゃ世界は狭いよ、そりゃ世界は同じさ、そりゃ世界は丸いって。でもただ一つではないのだろう。

違う違う、そんなことが言いたくて書いたんじゃないはずだ。

夢の話ってやばいよねって。みんな自分が好きだよねって。あれ、なんだっけ。でもとりあえず、わかんないけど多分、全部木のところで休んでたウサギのせいだ。

え？　は？

うお、まじかよ、すげエなア。

私の人生でそう思った回数は、男よりも女の人に対しての方が断然多い。それはきっと、女の人が男の人よりもある分野において優れている、ということだけではなく、男の脳みそにない抽斗《ひきだし》があるからだと思われる。

まだ三十半ばしか生きていない人生であるが、生き方に応じて変化していく女の人をたくさん見てきたからそう思うのかもしれない。私の周りの男は高校生くらいから変化があまり見られないが、女の人は半年会わないだけで別人になったりするもんね。

うお、まじかよ、すげエなア。と、初めて明確に思った日を覚えている。あの日から私は現在に至るまで、女の人って凄い、と思っている。もちろん誰にでもというわけではないし、どうにも救い難い女の人がいるのも知っているが。

あれは小学校三年生になった時だ。我々は学校が終わった後、近所の公園に集まって遊んでいた。

やることはいつも大体決まっていて、泥警や缶蹴り、陣取りなど。昭和生まれの小学生はいつも昭和生まれっぽく遊んでいた。ちなみにこの日は色鬼。何も命を取られるわけでもないのに、参加者全員しっかりと全てを懸けて走り回っていた。みんな額に汗を滲ませ、服が汚れるのも気にせず、くたびれたら水道の水をがぶ飲みしながら遊びに身を投じていた。

そんなメンバーの中に、山本さんと村田さんという女の子がいた。学年に二十八人と、生徒がかなり少ない学校だったので、この二人とも一緒に遊ぶ機会は多かった。山本さんはいつもハキハキとした活発な女の子で、村田さんはどちらかというとおとなしい女の子だった。

何度目かの水飲み休憩終了。

鬼が代わり、色を指定した。皆、一斉に走り出す。

絶対に負けたくない私は血眼《ちまなこ》になりながら「赤」を探した。二秒も掛からず、膝丈くらいの柵を越えた先で、赤いペンキで壁に書かれた文字を見つけた。即座に猛ダッシュすると視界の端に村田さんが見えた。どうやら村田さんも私と同じ「赤」を目指している様子だった。私の方が断然足が速かったし、ひと勝負ひと勝負が人生そのものだったので譲ってあげようなんて気持ちは微塵《みじん》もなく、颯爽と柵を飛び越えた。その時だった。村田さんが柵に足を引っ掛けてコケたのが見えた。

背の順で並んだ時に私の一つ前だった村田さんは、全校朝会では二回に一回の頻度で倒れる女の子だった。そうなったら「大丈夫?」と声を掛け、すぐさま先生を呼ぶのがもはや習慣化していたので、倒れてゆく村田さんも、倒れた後の村田さんも全然見慣れていた。だから普通に転んだだけだったら勝ちを優先して見捨てていたかもしれない。

しかし今回は、走った勢いをそのままに、つま先を軸に身体全体で地面に倒れ込む派手なコケ方だった。ちょっとバウンドしてたし。

流石に心配になり進路を「赤」から「村田さん」に変えた。いつものように「大丈夫?」と声を掛けようとした刹那、山本さんが凄い勢いで駆けてきた。そして先に村田さんの元に到着しそうになった私を片手で制し、滑り込むように村田さんの横にしゃがみ込んだ。

山本さんがまず、一番初めにとった行動は、村田さんのスカートの裾をサッと引っ張ることだった。「大丈夫?」と声を掛けたのはその後。この行動を見て私は、うお、まじかよ、すげエなア、と思った。

転倒したはずみで村田さんのスカートは完全に捲《めく》れ上がっていた。膝から血が出るよりも、肘が擦り剝けるよりも、この歳になったら、男にパンツ丸出しの姿を見られることの方が「痛い」ことを知っていたからだろう。

正直、その瞬間は、そんなことどうでも良くない? と思ったのだが、程なくして理解に及んだ私は、びっくりして村田さんを気遣うという簡単なことすら頭から飛んでしまっていた。オロオロしてみたり、「大丈夫?」と声を掛けることしか出来なかった男連中に反して、山本さんは村田さんを起こしてベンチに座らせ、濡れたハンカチで泥を拭《ぬぐ》うところまでを一人でやった。

そして、村田さんが落ち着いた頃合いを見て、山本さんは隣に付き添って帰っていった。残された男数名。すっかり引いてしまった汗と、見事に醒めた昂《こう》奮。遊びを再開する気分でもなくなったので陽が傾くまでだらだらと過ごした。適当な枝を業物《わざもの》に変えて斬り合っていたら、五時のチャイムが鳴った。

「バイバイ」

「また遊ぼう」

「じゃあね」

一連の出来事を思い返しているうちに、家に着いた。そこからしばらくは女の人ってすげエなア、とか考えながら過ごし、いつの間にやら忘れていた。

そしてつい先日、歌舞伎町で泥酔した大学生くらいの女の子がド派手に転倒する様を見て、突然山本さんのことを思い出したのだ。

この時、山本さんは駆けて来なかったけど、乱痴気騒ぎをする同じグループの男連中を尻目に、山本さんみたいな女の子がすぐさま助けに行った。うお、まじかよ、すげエなア、と思った私の視界の隅で、村田さん役の女の子が派手にゲロを吐いた。

女の人は凄い。でも凄くない女の人もいるようだ。

山本さん役の女の子が「大丈夫？」と声を掛ける。村田さん役の女の子は返事の代わりにまたゲロを吐いた。

本日もアルバイト。二十四歳くらいのこと。

五時からの営業に向け、昼シフト組は二時に入って掃除や仕込みなどをする。この日も私は制服の胸ポケットに入れた携帯電話から小さく音楽を鳴らしながら店内の掃除をしていた。

一六六席あるこの和食居酒屋の店内はなかなかに広く、客席に掃除機をかける時はコンセントを三回も差し替えなければならなかった。ただお客様の目につくところであるので、きちっとやらなければならない。その次はトイレ掃除。普段見えないところこそきちんとやるべきだと私もわかってはいたのだが、サンポール散布は本日も省いた。バイトの時間を、いかに怒られない程度に手を抜くか考えていた私にとって、便器を掃除する時の最後のサンポール散布は、やらないで大丈夫な仕事にカテゴライズされていた。昨日は誰かが、そして明日も誰かが散布するサンポールで十分に事は足りる。

女子便所の掃除からずっと屈《かが》んでいるので、流石に腰にきた。サンポール分のゆとりがある私は、男子便所の真ん中でのんびりと身体を伸ばす。顎を反らせて天を向いた時、そういえば今日は社長が視察に来ると店長が言っていたのを思い出した。

和食居酒屋、ビストロ、カフェなどを展開する滅茶苦茶にやり手の社長と、私はまだ顔を合わせたことがなかった。毎度タイミングが合わず、一年近く働いているというのに挨拶すら出来ずにいたのだ。ちなみに私は愛想はなかなか良い方だと勝手に思っていたので、接客をしているその姿なんかを見てもらえれば時給が上がるかもしれない、と思っていた。自然と、顔がほころんでいく。

「しぶちゃん」

四肢が全部伸び切っていたところで急に声を掛けられたので「げはっ」と奇怪な声が漏れてしまった。男子便所の入り口のところに店長が立っていた。人間、やはり急なことで動揺するといらないことを言ってしまうものだ。

「サンポールですよね」

「え」

「サンポールは撒《ま》きますよ、いつものことですし」

「何言ってんの？」

完全に墓穴を掘ってしまった気がして、無駄に便座を下げたり上げたりしてみた。「あ、いや、なんでもないです」

店長は真意を推し量るように薄目で私を睨《にら》んだがやがて、明るい声で私に言った。

「社長が来てくれました」

え。今？　私は大いに取り乱した。視察というからには営業中にやってくるものだと思っていたからだ。気持ちの整理が出来ず目をシパシパさせていると、男性が一人、入り口から顔を覗かせた。

うわすご、本物だ。私はなんだか感動した。

なぜなら社長は、私が大好きだったテレビ番組「¥マネーの虎」に出演していたからだ。志願者に鋭い質問を投げかけ、見込みがあると思ったらサッと決断してお金を投資するあの社長が目の前にいる。客席なんかほっといて、一時間くらいかけて男子便所だけ磨いておけばよかったと後悔した。社長は男子便所に一歩だけ入ってきた。

「はじめまして、アルバイトさせて頂いてます。渋谷と申します」

私は慌てて言ったが、社長は特になんの反応も見せず、私のことを黙って見ていた。気まずくなるくらいの間、社長は黙ってただ見ていた。根負けしたような形になった私は「あの」と口に出した。すると社長は急に電源が入ったように、「君はさ」と言った。

「はい」

「君は、音楽か何かやってる？」

どうしてわかったのだろう。私服ならまだしも、この時は制服である。そして当時はまだ髪の毛も短い。私は返事をした。

「音楽、やってます」

それを聞いて社長は言った。

「うん」

いや、うん、て。

今のはどういう意図の質問なのだろう。それから社長はまた私をじっと見た。この時間は一体何に費やしているのだろう。居た堪《たま》れない私はなんとなく首を傾げたり、とりあえず左脚の重心を右脚に変えたりしてみた。すると再び社長に電源が入り、「君はね」と言った。

「はい！」

「大丈夫」


な、に、が！

もう訳がわからなくてただ黙っていると、社長はトイレを出ていってしまった。一体何だったんだろう。追いかけるのも妙だし、掃除の続きをやるのもやっぱり妙だ。

私はそのまま立ち尽くすしかなかった。するとすぐに、社長がもう一度入り口から顔を覗かせて私に言った。

「うまくいくよ、音楽。君は大丈夫」

そしてまたサッといなくなった。おオ、一体なんだ今のは。すると次は店長が顔を覗かせて私に言った。

「すごいじゃんしぶちゃん、音楽うまくいく、って。良かったね」

「え、あ。はい、良かった、です」

「でも、あれだから」

「何ですか」

「サンポールは絶対撒いてね」

そうして店長は社長を追っていなくなった。

社長は占い師でも預言者でも何でもないし、たとえそうであったとしても、私はこの時の言葉をそのまま鵜呑《うの》みにするようなことはしなかったと思う。それでもあの時社長から滲み出ていた覇気みたいなものはビンビンに感じていた。だから、あの時の「うまくいくよ、音楽。君は大丈夫」という社長の言葉は私の自信になった。もしかしたら誰にでも言っていたのかもしれないが、二十四歳の私にとって、漲《みなぎ》らせた人間が発したその言葉の影響は大きかったのだ。

変な言い方になるが私にとって社長は、憧れの対象でも、崇拝している人でもなかった。というより、そう思うに至るほど知らなかったという方が正しいかもしれない。強いて言うならテレビで見たことがあるからすごい人、と思っていたくらいだった。しかしどういうわけか今になってもことある毎《ごと》に思い出すのだ。なんだか、お守りみたいな言葉なのだ。

人が滾《たぎ》らせているエネルギーは伝わる。それは多分自信とか意志とか野心とか。

言葉は、誰かの薬になることもあれば、誰かの毒にもなるのだということを、オンステージする人間として絶対に忘れてはいけないなアと思うに至った事案。

社長、言われた通りになれるよう、地に足つけて頑張ってます。ありがとうございます。

店長、念押しされたのに、バイト最後の日までサンポールは撒きませんでした。ごめんなさい。

ご飯を美味しそうに食べる人が好きだ。食べるという行為が生きることに直結しているからだろうか。ご飯を美味しそうに食べられる人はそれ自体が才能で、特技で、チャームポイントであると思う。

そもそも美味しそうに食べるというのは一体どういうことなのか考える。様々な人間の食べる姿を長年密かに観察し続けてきた私であるが、未だその明確な条件は不明だ。ただ主要となる条件として、食べている本人の感情が表に滲《にじ》み出ていることと、食べる様を見ている人間にまでその感情が波及することの二つが挙げられると思う。端的に言えば、「この人絶対美味しいと思っているんだろうなア」という様を見て、「いいなア、自分も食べたい」と思ってしまう、それこそが即ち美味しそうに食べる、ということになるのではないだろうか。

それは一概に表情ではない。往々にして美味しそうに食べる人間の表情は嬉しそうではあるのだが、仏頂面の人間の食事姿にそれを思うことだってある。

それは一概に振る舞いではない。往々にして美味しそうに食べる人間の姿は所作が美しいことが多いが、作法がなってない姿にそれを思うことだってある。

もちろん食べているもので左右されることでもない。高級でなくても、流行っていなくても、料理と呼べるようなものでなくても、それを思うことがある。

歌の表現にも似ている気がする。性根が表に出やすいのだ。何を歌うかよりも誰が歌うかだし、きちんとした音程で歌えるかよりもどんな気持ちで歌うかだと思う。だから例えば歌詞がなくても、歌と呼ぶにはギリギリの形であっても、時に人は感動するし、高揚することだってあるのだ。

しかし美味しそうに食べることというのは一種の表現ではあるが、そもそもが外に向けることを目的としていないので、より自然体というかなんというか。受け取る側が勝手に感じているだけのものなので、歌聴いてすげエって感覚よりも、動物見て可愛いって感覚の方が近いのかも。なので、ご飯を美味しそうに食べる、は共通点を感じられるものこそあれど、かなり独立した行為、表現であるように思われる。

特殊であると思うからこそ自分は、人間性を知ることの出来る大きな要因として、ものを食べる姿を見る。そしてご飯を美味しそうに食べる人間は、どういうわけか信頼の置ける人間であることが多かった。これは美味しそうに食べない人間が信頼出来ないという意味ではなく、あくまでも経験則で割り出した比率の話。どう歪曲《わいきょく》して考えたところでただの主観でしかないので、なんの当てにもならない、私の場合の話なのだが。逆説的に信頼を置ける人間だから美味しそうに見えるのだろうか、とも考えたのだが、思い浮かんでしまった人には申し訳ないが、そういうわけではない模様。

そして不思議なことに、誰かを見て美味しそうに食べるなアと思う場面では、大体他の人も自分と同じように思っていることがほとんど。法則がない上に、完全主観での判断となるこの「美味しそうに食べる」は、案外、共通認識になりうるようだ。

さて、この話の軸足が一体どこにあったのかわからなくなってきたので、今までの話の答えらしきものの一端になると信じて、そしてこの話を強引に帰結させるために、私のベストオブ美味しそうに食べる人を発表しておくことにする。

なんだかんだ、それなりに長い事生きてきましたが、やはり一番は私が小学生の時分から不動でした。

永谷園のコマーシャルより、「あさげ時々めし」の人です！

本来ならピンと来た人とだけ肩を組んで朝まで語り合いたいところですが、知らない人も、某動画サイトとかで見られますので是非。

大変恐縮なのだが、当時は子供であったため、出演されていた方の名前を存じ上げていませんでした。きちんと調べさせて頂いたところ、主演は松村雅史さんという方でした。失礼ながら上品とは言えないと思います。しかしながら、食べ方、食べるテンポ、食器の音、表情、何から何までが完璧なのです。正直、食べ物のコマーシャル史上これを上回るものに出会ったことはないかもしれない。

卓には白飯と味噌汁のみ。演出もソリッドでネイキッド、淡々と進む数十秒の中でドラマはなし、ただ黙々と食べるだけ。だけどそこには食がもたらす本来の喜びと、生命という部分に直接訴えてくるような感動がある。潜在意識が身体に直接訴えかけてくるのだ。食べるとは、そう生きること、生きるとは、そう食べること。

ふんふん。

幾分興奮してしまいましたが、とりあえずご飯を美味しく食べられる人って素敵だよねって話でした。

狙ってやるようなことではないが、私も松村雅史さんのように美味しそうにご飯を食べられる人間になりたい。作った人も、それを見ている人も皆、幸せな気持ちになってもらえるだろうから。

私の頭の中のキムタク

昔からちょっとドジである。もちろん、私の話だ。

そんな私は、世の中に完全無欠のかっこいい人が実際に存在していると思っていて、そういう人に強い憧れがある。自分が完全無欠の無敵スキルを持ち合わせていないという自覚があるからこそ、憧れになっているわけだが、もしも叶うのであれば完全無欠のかっこいい人に、私もなってみたい。

バンドマンとして格好をつけるのは、そして格好良くいることは、私の仕事の一つであるとも思っている。だから抜け目なく、スマートに、洗練された行動をとりたいと、常日頃思っているのだが、ぶっちゃけた話、「バンドマンとして」とかいう大義名分は置いておいて、かっこよくなれればめちゃモテるし、良いことしかない。

そうなるためには日々の反省が不可欠だ。あの時こうしておけば、ああしておけば、次からこうしよう、ああしよう。ちょっとドジな私はそんなことを思う回数が多い。

そんな時、自らの行動を振り返って反省をする折に設けている絶対的な基準が一つある。

「キムタクだったら」だ。

と、こんな風に切り出す話を書き上げた数日後、木村拓哉さんとのラジオが決まった。何かの間違いかと思ったが、テレビで歌う我々を見てくださった木村さんが、お声掛けして下さったのだという。

おっかなびっくり当日を迎えたのだが、いざ対面した木村さんは本当に優しく、丁寧で、且つ人間的な魅力に溢れていた。「かっこいい」の象徴だった木村さんのかっこいいが更新された一日になった。

収録中に木村さんはエッセイの出版に触れて下さった。この時、木村拓哉さんを主題に置いたエッセイがあるということを告げるべきか悩んだ。しかし、ここで伝えなければ、もしかしたら伝える機会がないかもと思い、私は意を決して口を開く。

「実は」

「ん？」

「木村さんのことを書いたエッセイもあるんです」

「まじ」

以下、木村さんについて書いたエッセイだ。

ここからは、木村拓哉さんにお会いする前の私に戻る。そして無礼を承知で、しかし究極のアイコンとして「キムタク」で記載させて頂くことをご了承ください。


――――――――――


なぜ「キムタクだったら」と思うようになったのか、自分でもよくわからない。具体的なきっかけというより、スピーカーから聴こえる度、テレビで見る度、私はキムタクに対して完全無欠というイメージをどんどん強くしていったのだと思う。

語弊がありそうなので、ここで予《あらかじ》め断っておく。私はキムタクみたいになりたいとか、そんな烏滸《おこ》がましいことは思っちゃいない。人それぞれにポテンシャルなるものが存在することをきちんと理解している私は、自分がキムタクを踏襲しようとしたところで、かなり歪《いびつ》な生き物になるというところまで、十二分に理解しているからだ。

だから模範ではなく、照合。自分が行動した結果を、キムタクと照らし合わせることが多いということだ。

キムタクだったらこうはならずに、こんな結果になっていただろう、とか、そういうこと

（本物のキムタクというよりも、私の頭の中にいるキムタクなのだけど）。

例えばズボンのチャックが開いていたとする。気が付いた時、もしくは指摘してもらったその時。私は目を閉じて思うのだ。

「あア、キムタクだったらこうはならないよなア」

と。

何かドジる度、その結果を頭の中のキムタクに投影して、像を結ばなかったら猛省する。イメージが出来ないのだから、今回の事案は反省対象だと自分を戒《いまし》めるのだ。

そして結果にとどまらず、伴うその後の行動でもキムタクを思う。

仮に、もし仮にキムタクのチャックが開いていたとして。気が付いた時、もしくは指摘してもらったその時、キムタクならどうするだろう、と。

私だったら十中八九、「わわ、やばいやばい」と大慌てする。しかしおそらくキムタクは、沈着冷静に、「あ、やっべ」とか小さい声で言うにとどめるだろう。そしてジイッとチャックを閉めた後、鼻からスンッと小さなため息を吐いて、あとはいつも通り。慌てた様子など周囲には見せず、ましてや「やばい」を二度繰り返して言うようなことは絶対にしないはずだ。

縁石に躓《つまず》いてしまった時。
コップにコースターがくっ付いてきてしまった時。
靴下に穴が開いていた時。
カレーうどんが服に跳ねた時。

いつだって頭の中のキムタクを思う。

かっこ良さの基準は人によってもちろん違う。それでも、かっこ悪いと思われない基準はある程度一定な気がしているのだ。
私の頭の中でキムタクは、その基準を完璧に満たした上で、完全無欠を貫き続けている。これからも多分ずっと、憧れの気持ちを抱き続けるだろう。振り返る度、反省する度、これからもたくさんお世話になることと思います。

――――――――

「ってなことを」

「いやいや」

「恐縮ながら書かせていただいたんです」

「そんなことないって」

「勝手にすみません」

「だってさ」

そして笑いながら、自分がチャックを開けっ放しにしていた時のエピソードを気さくに話し、重ねて、洗顔時に左手の小指が鼻の穴に入っちゃうエピソードも話してくれた木村さん。でも、それを聞かされて尚、私の中の完全無欠のイメージが全く崩れなかったのには、自分でも驚いた。

「来てくれてありがと」

こんな風に最後に、自分より全然年下のバンドマンにこんなこと言えちゃうんだもん。そりゃかっこいいわ。

思想、努力、あと生々しい話、ポテンシャルも。

積み上げてきたものの表面化がその人だ。

そんなことを思った。

改めて。

こちらのセリフです、ありがとうございました。

ラジオの帰り道、私は頭の中のキムタクに話し掛ける。

「ねエ、キムタクもこんなこと考えたりするの？」

キムタクは答える。

「いや、話し掛けるのはナシっしょ。俺イメージだし」

「そっか、ごめん」

「今度直接聞いてみたら」

「あ、うん、そうするね。ありがと」

木村さん。是非また今度。うす。

職業柄、ゴーイングマイウェイでもまア良しとは思っているのだが、私は昔から世間一般的な大人像に漠然とした憧れがあり、しっかり大人になったのなら、具体的に言うなれば三十歳を迎えたらこういう風にありたい、という理想が三つあった。ちなみにそれは、考え方やライフスタイルといった本質的なこととは少し違う身の回りのカジュアルなものだ。

理想を実現させた先に一体何があったのか、今回はそんなことを書きたいと思う。

一つ目はハンカチを持ち歩くこと。これに関しては大人とかそういうカテゴリー以前の問題なのだから、とっととやれよ、と思われても仕方のないことではあるのだが、なかなかに自意識が過剰な私にとってこれはハードルの高いものであった。小学生の時分、常に持ち歩きなさい、と学校から決まり事として押し付けられた時からの抵抗が根深く残っており、意地でも私は持たない、と心に決めていたものであったからだ。しかしある程度年齢を重ねてみると、実に紳士的に見えてくる。反発する心とかっこいいなと思う心とで板挟みにあい、折り合いをつけるために『三十超えたら』という自分で設けたボーダーラインまで待つことにしていたのだ。

ボーダーラインを越えるなりワクワクしながら何枚かのハンカチを買い揃え、ようやく持参出来た時の、何に対してか全くわからない優越感は、実に気持ちのいいものであった。

二つ目は鞄を小さくすること。これは今まで持ち歩いていなかったものを持つようになるというハンカチのパターンとは大きく違い、元来の状態から削るという作業であるがゆえになかなかに苦しかった。なんでもかんでも持ち歩きたい私の性分は、これがあったら便利だろうな、という前向きなものとは違い、これがなかったら不便かもしれない、という後ろ向きなものであったからである。欲しい時に必要なものがなかったら苦しくなってしまう恐れがあるリスクヘッジとしての大きな鞄であったので、鞄を小さくする作業は、初めのうちはそれ自体が心のストレスになっていた。ただそこは、思い描く世間一般的な大人像に近づけているという喜びで騙し騙しカバー出来た。そしてそもそも『欲しい時』は案外やってこないということが判明してからは、財布と携帯電話と本とイヤフォン（本気出したら財布のみ）、長期の外出以外はこれだけでなんの不便もなく過ごせるようになった。何かから解放される感覚は、他に形容し難い充足感だった。

そして三つ目。これが一番の難儀であった。

それは長財布からの卒業である。小学生で初めて持った財布は、実家の隣にあったタバコ屋さんで父ちゃんがもらってきた、テープで止める簡易的なキャメルの二つ折りの財布だった。

カートンを買ったら付いてくるおまけ的な財布から始まった二つ折り期は、代替しながらも私が中学を卒業するまで続く。その後、高校に入学すると喉から手が出るほど長財布が欲しくなった。大人の代名詞的なそれに手を伸ばしても、ギリギリおかしくない年齢だと思えたからだろう。父ちゃんに話すと（また父ちゃん）、お下がりのダンヒルの長財布を譲ってくれた。憧れの長財布は見た目がかっこいいことに加え、ポイントカードがたくさん入った。この頃は様々なポイントカードが入っていること自体にワクワクしていたし、何よりお金がない学徒であった私は、この世の中にポイント以上にありがたいものを知らなかった。永遠に続くと思われた長財布期、このまま私はたくさんのポイントカードと手を繋いで生きていくのだろうと思っていた。しかし、二十代後半、私は運命的な出会いを果たす。

マネークリップだ。

あれを見た瞬間に私は背中がゾクゾクした。一目見たその瞬間から、私の思う世間一般的な大人像の真ん中に、マネークリップは堂々と鎮座したのだ。詰まるところこれだろ、と一つの答えに行き着いたような、そんな感覚にさえなった。すぐさまマネークリップに切り替えよう、と思ったところで沈着冷静な私が小声で物申した、「機能性悪くね？」と。いやアまさしく、である。良いところをあげるとすれば嵩張《かさば》らないところと、偏った体裁くらいなもんで、機能性でいったら長財布はもちろんのこと、二つ折りの財布にも敵わない。不便極まりなく、全く現実的ではないとそう思った。何より、私がこれまで愛してきた、そして愛されてきたポイントカードはどうなる。もうなんかポイントが欲しくて買い物してたレベルでポイントカード好きだった私にとってそれは、今までの生き方を自ら否定するようなものだった。毎晩布団の中で二つの人生を天秤にかけた。大好きなポイントカードと生きていく人生と、私が思う世間一般的な大人として生きていく人生の二つを。ビアンカとフローラ以上に過酷な選択に毎晩うなされ、枕を濡らした。決断の時はもうすぐそこまで迫っているというのに。

辛い夜を越え続けた男はとうとう運命の朝を迎えた。ついに三十に相成りまして、洗面所の鏡を真正面から睨んでみれば、すぐにわかった。

男は、利便性より体裁を取れる人間になっていたのでありました。

格好つけられるなら死なない程度のことは我慢してやる。格好つけられるなら大事なポイントだって捨ててやる。寝起きの薄ぼけた表情の奥底に、男は鬼を見つけたのだった。べべん。

こうして私は、私の思う世間一般的な大人像を体現した。

「ポイントカードはお持ちですか？」

レジの女の子に向かって微笑む私は、首を横に振る。

店を出てなんとなく空を見上げる。果てない青があまりに綺麗だから、やっぱり忘れられないでいる自分に気が付いてしまって、そっと、15ポイント分のため息を空に溶かした。

こんな小さな鞄にはとても入りきらない葛藤の正体は、滲《にじ》んだ涙を拭ったハンカチしか知らない。

私の少し曲がった性格の発端は、いわゆる世間一般的に普通と呼ばれてしまうようなつまらない生き方ではなくて、いじわるばあさんよろしく、天邪鬼《あまのじゃく》な生き方をした方が格好がつくのではないかと、本気で思っていた時期があったからである。

人と違う自分、即ち格好良い、だった。

多分それはコンプレックスから生まれたものだ。人より秀でたものが少ないことに気が付いてしまった少年期から青年期あたりで、やり場のなくなってしまった自我から発生したものだと思う。オーソドックスというフィールドにそのやり場がないなら、自分でフィールドを作ってしまえ、といった具合なのだろう。

しかしながら二十歳を過ぎてからようやく、それは果たして本当に格好良いのだろうか、という疑念に変わる。「やり場がないなら作ってしまえ」は、創造的なようでいて少し違うのではないか、と思い始めたのだ。オーソドックスというフィールドで試行錯誤を繰り返したその先での「やり場がないなら作ってしまえ」はきっと創造的である。しかし、ろくすっぽ試行錯誤もせずに早々に見切りをつけての「やり場がないなら作ってしまえ」は、ただ真っ向からの勝負を避けただけという気がしてきたのだ。そして今まで出会った極端に普通を嫌う人や、「私は私」をジャブのように常用する人で、創造的な人は一人もいなかったなアということに思い当たる。

よって私は二十五歳を過ぎたあたりで、オーソドックスというフィールドに一度身を投じてみる決心をした。そうした上で、それでもやっぱりはみ出てしまったやり場のない部分を、仕立てに凝ったジャケットの裏地のように、ひっそりと慎ましく愛するようになった。

要するに天才肌であろうとすることに、そして天才肌であるかもしれない可能性に見切りをつけたのだ。これは諦念とは全然違う。言うなれば、立場の理解。理解した上で「普通の人間が天才と呼ばれる人間を下から捲《まく》る」というバリバリの野心を持ったリアリストに、このあたりからなりました、という話だ。

しかし、舵《かじ》を切り直した私ではあるが、天邪鬼な生き方をしたほうが格好がつくのではないかと、一度でも本気で思ってしまったその後遺症のようなものが、今でも無自覚に顔をのぞかせたりすることがあるようだ。

「なんで箸置き使わないの？」

「なんでコースター使わないの？」

最近言われた言葉である。

全くと言っていいほどに無自覚で、こだわりを持ってやっていたことではなかったので驚いた。ただ言われてみれば、箸置きとコースターに対して微《かす》かに抵抗感を覚えている私を新発見してしまって、さらに驚いてしまった。

折角なのでどこからくる抵抗感なのかをちょっと考えてみた結果、この二つが持つ強制力が嫌なのだろう、というところで合点がいった。「これが出現したのだから、ここにしか置いてはいけません」といった圧力を本能的に感じてしまったのだと思う。そしてかつて、人と違う自分、即ち格好良い、だった私にしてみたら、人と同じようになる行動を促されているのだから、潜在的に許せなかったのだろう。

今はオーソドックスというフィールドに身を投じ、心身ともに良いバランスを保てていると思っていた私に、十年以上も前の気持ちが、風呂場のカビのように根付いてしまっている事実を思い知らされて、暗澹《あんたん》とした気持ちになった。

そして、箸は一番手前の器に横向きに渡して置かなければ落ち着かず、グラスに至っては、コースターを避けて置いたグラスの底が作る結露の輪の上に、再びグラスを戻すことさえ憚《はばか》る現在の自分の性質に思いあたり、静かに愕然《がくぜん》とした。
反抗するなら箸置きの上に靴を置き、食事中にだらしなく肘を置くためにコースターを使う、くらいやるならばまだしも。誰も見てないところで、つま先だけ密かにはみ出すような慎ましい抵抗を未だにしていただなんて。なんだか夏休みだけ、こっそり茶髪にする中学生みたいだと思ってしまった。

人は斯《か》くして失敗に気が付き、そこに格好のつかない自分を発見しては成長していく。前向きに考えれば、三十四歳にしてまだ伸び代を残しているということになるのかもしらん。この先もし、オンステージの私を観て、「あれ、なんだか以前より」と心奪われてしまう瞬間があったとしたならばそれは、私が箸置きとコースターの存在を、きちんと受け入れることが出来たというサインだ。
これからのＳＵＰＥＲ ＢＥＡＶＥＲに、まだまだ期待をして欲しい。

物が汚れるということにすごく抵抗がある。例えばそれがすぐに洗濯に出せる状況、もしくは今後使う予定がなく捨ててしまうと決めているものであったとしても、タオルなどで手に付いた何か（例えば、食べ物の油とか）を拭うことに躊躇《ちゅうちょ》する自分がいる。もちろんそれでは本末転倒であるということも重々承知しているし、結局は何かで拭かなければならないのもわかっている。その場合はしっかりとティッシュペーパーで手を拭い、手を洗ってからタオルを使うという順を辿るのが常である。

洗い物がしやすいしにくいに関係なく、食後の状態により、皿を重ねることにも抵抗を感じることがある。大きさの比率をある程度一定にしないとものを重ねてはいけない、という謎の自分ルールは一旦置いておいて、ドレッシングの皿なら平気だが、醤油の皿だと躊躇《ため》らってしまうなど、自分の中だけの分別が存在する。

抵抗感を抱いているのは主にどの部分なのか、自分でもよくわかっていない。「汚れるもの」の例として挙げた捨てる予定のタオルとティッシュペーパーに、そして「汚すもの」の例として挙げたドレッシングと醤油に、世俗的な差異を見つけることも難しい。潔癖症の片鱗があるのかと自らを疑ったこともあったが、落ちてるものは平気で食らうし、靴を履いてから気付いた忘れ物は、急ぎ足を免罪符にそのまま家に上がって取りに行ったりするのでおそらく違う。ただどういうわけだか、汚してはいけないものが存在するのだ。

いつからそうだったのかは定かではないが、幼い時からそうだった気がする。あらゆるものの一つ一つに存在する、あくまで個人的な、その道徳的な価値を守りたいと心に決めているのだ。

私にとって、その最たるものが「ご飯」である。

それも限定的に「茶碗に盛られたご飯」だ。どんぶりやカレーライス、お寿司など、そういったものに対しての抵抗は皆無だ。それはそれとしてしっかりと確立されていると感じているので、なんとも思わない。しかし、茶碗に盛られて「ご飯」という存在になった途端にどうにも荘厳なものとして私には映る。他のご飯が荘厳でないわけではない。幼少期から米粒一つも残さないようにしているのでお米というものに対しての敬意はそもそも大きい。だから一汁三菜に並び、茶碗の中で控えめに湯気を立てて光る純白は、私の中で何ものにも汚されてはならない気高い存在であるのだ。最後の一粒まで綺麗なまま平らげたい、平らげて欲しいと、そんな風に思っている。

何が言いたいのかというと、俗に言う「ワンバン」というやつが、ちょっと許せないのだ。主に汁気の多いおかずを一度ご飯の上を経由、即ちワンバウンドさせて食べる、あれ。あの時の、ご飯が何かに染まってしまった様が、私にとってはどうにも致命的に見えるのだ。数多《あまた》存在するマイルール、個人的なこだわりはあくまで個人で完結するものなので人様にどうこうして欲しいとは全く思わない。だから自分がこうしなければ気が済まないものを、他の人がやらなかったそれに対して生じる気持ちは「我慢」ではなく「無」だ。自分のテリトリーさえ侵されなければ、正直なんとも思わない。しかし、このご飯に関してはどうにもむず痒くなるのだ。折角こんなに白いのに、わざわざ汚しにいくなんて、と思ってしまう。これに似た気持ちはやはり、汚れた手をタオルで拭いた時の、醤油の皿を重ねてしまった時の気持ちと酷似している。あアだめ、だめだめ、と心が叫びだすのを止められない。一つ断っておくが嫌悪ではない、あくまでもむず痒さだ。

そのおかずの旨味をご飯に染み込ませて食べたいのだ、というワンバン族の言い分も大いにわかる。そんなことは鰻重や、親子丼などでこちとらも感じていることだが、やはり私にとってそれとこれとは話が別なのだ。うまいに決まってるからといって、滅茶苦茶高い焼酎を烏龍茶で割るのはどうなのさ、って感覚に近いかもしれない。チェイサーで烏龍茶ならまだいいの、ウーロンハイは違うの、とそういった感じ。

どうせすぐにご飯をかっ込むのだから一時のことでしょとか、お腹の中に入っちゃえば同じことでしょとか、そうじゃない。大袈裟な表現を許して頂けるのであれば、きっとそれは過程の美学とでも言えよう。私は「終わりよければ全てよし」という言葉に「?」と思ってしまったのだ。要約動画という存在そのものに「?」と思ってしまったのだ。人に言わせれば、という瑣末なことに一喜一憂したい人間は、感覚に基づいた欲に従順でなければいけないのだ。

これまでも、これからも。


ただ、どういうわけか知らないが、茶碗に盛られていたとしても、卵かけご飯と、ふりかけで食べるご飯に関しては全然許せちゃうのよね。

なんでだろうね、あれ、うまいよね。錦松梅《きんしょうばい》とかやばいよね。うん。

三十

これから綴《つづ》る気持ちは、本当は三十代に突入したらすぐさま伝えたかったことである。しかし三十代に突入したばかりの三十代素人が伝えたのではどうにも説得力に欠けると思い、三十五を越えて尚、同じ気持ちを持っていられたらきちんと伝えようと決めていたのだ。温めに温めた気持ちだから、なんだか正直小っ恥ずかしい。咄嗟《とっさ》のことであったならすぐに言葉に出来たかもしれないのに、好きなあの子を想って言葉を見繕《みつくろ》ったばかりに想像以上のウエイトがかかって言い淀んでしまう、あれに似ている。

少し緊張するけど、ようやく堂々と言える。よかった。

いきます。

「三十過ぎたら変わる」って言う人を、私はこっそり軽蔑しています。

わア、意外とすんなり言えた。そして失礼、正しくは『安易に言う人を』である。

二十代の頃、幾度となく先輩からもらった言葉であるが、そんなわけねエだろ、と心の底から思っていた。その理由として、どういうわけかこれを口にする人間は往々にしてどこか怠惰だったからだ。もちろん例外だっている。どうしても抗《あらが》えなかった何かがその人には存在したという事例も知っている。ただ、腹の肉が落ちなくなったという人間は、ろくに運動らしい運動をしていなかったし、体力がなくなってきたという人間は、そもそもまともに体力なんてなかった。

ここぞとばかりに三十代を理由にして、己の怠惰がもたらした結果を道理のように説き出す。何もしていない人間が口にするこれらの言葉の軽薄さと言ったら、もう。本当に、もう。

もちろん日々死に近づいているわけであるからして、逃れられないものがあるのは事実だ。「成長」が「老い」に変わる時期は誰にだって間違いなくあるだろう。今までのようにいかなくなるという経験は、間違いなく誰しもが通る道だ。

だから即ち。

経年を憂《うれ》う権利は誰にだってあるが、経年の憂いを人に説く権利は万人にあるわけではない。ということだと思う。

「体重まじ落ちなくなるから、気を付けた方がいいよ」
「もうすぐ今までみたいに動けなくなるから」
「よくそんな食べられるね、俺もそんな時期あったわ」
「前のめりの姿勢がもう可愛く見えてきちゃった」

「朝まで遊ぶなんて、私の歳じゃ考えられないよね」

いずれも先輩が「三十過ぎたら変わる」とおっしゃった後に、二十代の私に向けてのたまわれた言葉であるが、響くぜ、と思わせてくれた先輩は悲しいかな一割以下だ。その物事と真っ向から向き合い、且つ説得力を生むほどの結果が表面化している人間にしか、経年の憂いを他人に説く権利はない、ということなのだろう。

残りの九割は、たとえるなら冷蔵庫に入るという手間さえ怠った生菓子だ。「二日経ったら完全に腐るよ」と。あなた最低限のことすらしてこなかったんだからそりゃ当然でしょう、と。そういった具合。

ただ、怠惰な生菓子たちが反面教師になってくれた側面があるのも事実だ。もしもこの常温保存のエクレアやショートケーキやモンブランたちの言う通り、私も怠惰がゆえに劣化した生菓子になってしまったあかつきには、「ほらな」なんて嬉しそうに言われて肩でも組まれかねない。そのまま仲良しこよしで身体を揺すられ、「お前からも言ってやれよ」なんて脇腹を突いて促された挙句、私も満更《まんざら》でもないしたり顔で「お前も二日で腐るからさ」なんてまだ美味しい状態でいる生菓子たちに結局は言っちゃうのかもしれない。そんな未来だけはどうしても避けたいという気持ちを強固にしてくれたからだ。結果として、保冷剤を入れてみたり、箱からきちんと移し変えてみたり、ラップをかけてみたりの試行錯誤の上で三十代を迎えられたので、実感として二十代と変わったところはほとんどない。「おかげさまで」と会釈程度に頭を下げてあげてもいいのかもしれない。

味は落ちるものだと、やがて傷むものだと、果ては腐るものだと、そんなことは誰もが知っている。虫が集《たか》り出した頃になって嘆くこと以外の選択肢がない未来なんて私は嫌なのだ。

時の流れに任せるしかない部分があるということは承知の上、クリームを飛び散らせてジタバタして抗《あらが》ってみたり、色が変わってきた果物にもやることはやったと誇りを持てるような日々を送っていたい。悔しいがこれだけやったからまア仕方あるまい、と自分を納得させられるようになっていたいのだ。

ちなみにこの姿勢は、遊びに関しても同じことが言えるかもしれない。相対するもののように感じられるが、その時期にしか得ることの出来ない、時間、経済力、繋がり、立場、というものがあると思うので、少しでも肥やしになるのであれば多少の無理をしても全力で遊んだ方がいいというのが持論。

さア、数年後に私は何を思っているのだろうか。

ただどういうわけか四十代に突入した先輩には、「四十代は楽しい」と言っている人が多い。自分より下の世代にそう言える年の取り方は理想だ。素敵なので私も倣《なら》いたい。

結果はもとより、自分で選択するということを大事に歳を重ねたいよね。平等に流れる時間ならば、何を選んでどんな風に過ごすのかくらいは、意志のもと丁寧に決めたいとそんな風に思う。

明日に迎えられるより、明日を迎える人間でありたいものだ。

三十

初台あたりの大きな交差点、形容し難い様々な気持ちをマダムと共有した数日後のコンビニ。ズボンのチャックが完全に下がり切った状態でレジに立つ店員の彼を見て、だから私の使命感は音を立てて燃え上がったわけである。

歳の頃は二十代前半であろうか、夜勤であるにも拘らず少しの怠惰さも滲ませることなく、凛とした表情で佇む青年の青と白のストライプが眩しい。

「俺の番だ」

「なんか言った?」

当時いい感じだった女の子が私の顔を覗き込んできた。私は短く息を吐き、気持ちを集中させた。

「そうか今度は割り緞《どん》か」

「ん?」

「私がきっちり幕を閉じてやる」

「なに言ってるの」

「なんでもないよ」

「ふウん、ビール買ってくるね」

女の子は買い物カゴを片手にお酒のコーナーに向かって歩いて行った。今一度決意を固める意で青年を盗み見る。彼は先程と寸分も変わらず凛々しくて、それが逆に全開のチャックを際立たせていた。それはなんだか、真っ白な砂浜に落ちているガビガビになったエロ本を彷彿させた。

覚悟が決まった。

不自然になってしまうような、コンビニでの道理にかなわない動きは極力避けたい。行動に移すとすれば商品をレジに通してもらう時だろう。私は再度短く息を吐いて、女の子を追った。

見ず知らずの人間のズボンのチャックが開いていることをわざわざ指摘する人間は、この世界にどれくらい存在するのだろうか。女性にはまずいないだろうし、店員と客という薄い関係性を加味すると男性で考えてもほとんどいないと思われる。即ち、自らで気が付く以外にはない。しかしその場合、いつから開いていたんだろうと記憶を遡《さかのぼ》り、思い当たった点から今という点を線で結び、その線上に思い浮かんだ顔の数だけ絶望的な気持ちになるだろう。発した言葉や、自分が浮かべた表情を思い出し、心に内出血系のダメージを被《こうむ》ることになる。痣になってしばらく残ってしまうダメージは最小限に抑えてあげたい。

そんなことを考えながら女の子に追いついて手からカゴをそっと奪った。そこに入れられるビールを眺めながら、この後の動きのシミュレーションを幾度も繰り返しては、コンマ一秒のズレもないように何度も微修正を繰り返した。

次第に、赤く燃え上がっていた使命感は、青く静かに燃える責任感に変わっていた。それは青年に加え、「あらやだ」と頬を赤らめることになるかもしれない女性のお客さんまでも、自分が守ってあげたいと思ったからである。

無粋な指摘はしたくない。おそらくチャンスは一度だけ、しかも一瞬。なかなかの緊張感に自分の身体が小さく震えるのがわかったが、武者震いだと言い聞かせた。さて、やるぞ。


商品の入ったカゴをレジに置く。

青年は改めて、いらっしゃいませ、と言った。

カゴから取り上げられたビールはテンポ良くバーコードを読み込まれていく。もちろんこの時私は、自然と女の子の前を陣取り、その視線から青年の下半身を隠している。やがてカスタマーディスプレイに合計金額が表示された。私は千円札を二枚青年に渡し、青年は釣り銭を私に渡した。

「ありがとうございます」私はビールの入った袋を受け取る。

「ありがとうございました」青年は気持ちの良いお辞儀をする。

私はゆっくり踵《きびす》を返して、自動ドアに向けて一歩踏み出した。

まだだ。

私は頭の中で「関口宏の東京フレンドパーク」のフラッシュザウルスを思い浮かべていた。空気を溜めて、迫りくる光に向けて飛び降りるあれだ。覚えている、遅いタイミングで悔しがる挑戦者よりも、急《せ》いた気持ちの結果涙を流す挑戦者の方が随分と多かった。あれが切迫した人間の心理なのだ。半拍遅くていい、大丈夫。

私が会計を済ませたのを確認した女の子の気持ちが、コンビニにいる現在から、ビールのプルタブを起こす未来に飛んだ。身体の向きを変え、店を出るための一歩を大きく踏み出した。

今だ。

私は返した踵を戻した。動きとしてはバスケットボールのピボットに似ていたと思う。体育館であったならキュッとかっこいい音が聞こえていたに違いない。左足を軸にワンステップで一回転、再び青年と向き合う姿勢をとった。

レジに手を付き身を乗り出して、彼に聞こえるだけの小さな声ではっきりと告げた。

「開いてる」

そう言うのと同時に、私は青年の下半身を指さした。

戻した踵をまた返す。青年の反応を見る必要はない、私の任務は既に完了しているのだ。今だ、と行動に移してからここまでの所要時間はおおよそ一秒。何もかもがシミュレーション通りだった。

なんらかの気配を感じた女の子がこちらを振り返る。私は「ん？」といった表情だけを浮かべて見せる。その時、彼女越しに見えた自動ドア。ガラスに映った青年が、そそくさとチャックをあげるのが、夜の景色と重なって見えた。

さ、全ての準備は整った。

そろそろ正直にならなければなるまい。大変に申し訳ないのだが青年を守りたいと、女性のお客さんを想ってと、そのように嘯《うそぶ》いてきたが、自分の心のうちを改めて覗いてみれば、それは願望の布石に過ぎなかったのかもしれない。私には、どうしてもやりたいことがあるのだ。我々に反応して自動ドアが開いた。お買い上げに対してか、ご指摘に対してか、背後から青年が慌てた様子で声を上げた。

「ありがとうございました！」

でも、振り返らない。

私は青年に背中を向けたまま、誰にも気が付かれぬようにゆっくり右手を真横に突き出し、そしてサムズをアップした。

フゥ、COOL。

これが、やりたかったのだ。

コンビニから一歩、外に出る。目の前を一台のトラックが通り過ぎた。街に流れる深夜ののっぺりとした時間に包まれて女の子は、「夜なのに暑いね」と溢《こぼ》す。「そうだね」と私は応える。誰にひけらかすでもなく、そっとうちに秘めた気持ちは、ビールの喉越しを変える。ビールがうまい晩は、あなた自身を褒めてやっても良い晩と、同義だ。私の気持ちもようやく、プルタブを起こす未来に飛ばすことが出来た。うん、今晩のビールはきっと。

自分の外見を形成する上で外部からの情報は必須である。純粋な憧れや、一時的な衝撃、そういったもののいくつかを咀嚼《そしゃく》して飲み込んで、自分の中で混ざりあったもの、それから余分なものを取り除いたものが自分だ。改めて文章にしてみると限りなく摂取と排泄に似ている。食事と、トイレ。

だから外見でなく中身だ、というが、外見だって立派な中身だと言えるのではないかと思う。「プラダを着た悪魔」でも言っているが、ファッションは利便性ではなくアクセサリーひとつもアイデンティティの象徴だ、と。大筋は間違ってはいないのだろう。体型、メイク、ファッション、所作もそうか、やっぱり自らで選択、変更可能なものにはその人が色濃く出るものだ。もちろんこれは、着る物や容姿が全てであるはずはなく一つの要因である、ということを踏まえた話。

かくいう私も今の外見に至るまで、さまざまな経緯を辿った。年始にジーンズメイトの福袋で一年分の服を確保していた中学生時代、ピンク頭髪で出鱈目《でたらめ》な格好ばかりしていた高校生時代を経て、自分自身がしっくりくるものに行き着くまで大いに時間が掛かったタイプだ。ライブでの出立ちなんか、最たるもの。

いろんなものを試しに試した過去のおかげで、ありがたいことに最近はオリジナリティとして、周囲からの認知をもらっている。光栄なことである。

しかし自分で言うのもなんだが、私に真新しいものは何一つとしてないと思う。そもそも服、音楽、映画、写真、文章、他にも色々、表現のオリジナリティなんてのはもう九割九分、これまでの歴史の中で出尽くしていると思っているからだ。ただこれは悲観的な話ではない。過去を踏襲することは現在でしか出来ないことであるし、ある程度の土壌を先人が固めてくれたおかげで、土壌が固まっていない段階では生まれる可能性のない新しい表現が生まれたりする。そもそも、その土壌の上でまんまと踊らされたからこそ、現在の表現のほとんどが生まれたのだ、という話。

改めて、表現という幅を狭めて外見というところにフォーカスを当て直してみる。試しに私を例に挙げてみよう。

髪が長くて、目の周りが黒くて、柄シャツで、細いズボンで、ブーツ。

今並べたものが、認知して頂いてる私なのだが、こうやって一つ一つを取り上げてみれば珍しいものなんて一つもない。男性女性限らず、誰だってやっている。ただ意識的でも無意識下でも、確信的でも偶発的でも、普遍的と思われているものの組み合わせでオリジナリティとかいうやつに変貌したりする。

ただ奇を衒《てら》って組み合わせてみたり、大前提、自分の中の「好き」というラベルの貼られた抽斗《ひきだし》にないものを組み合わせた途端、割と早い段階で魂胆が捲《めく》れて目も当てられない結果になる。それが、闇雲《やみくも》なのか、適当なのか、模造なのかは、案外すぐ露呈しちゃうのだ。

つまり現代のオリジナリティと呼ばれるものは多分、リバイバルと、己を基盤とした組み合わせの妙。

組み合わせは己を基準に生きていれば自ずと誕生するものとして、大切なのは「好き」というラベルの貼られた抽斗の中身から一つ一つを選べているかどうかだろう。なので私は現在の自分を、特に誰かに見てもらえる機会がある自分を形成するにあたり、ルーツや好きという気持ちがあるものだけを、工作よろしくいくつもくっつけては剝がしてを繰り返した（ここら辺の才能が初めっからあるノー試行錯誤の人も稀にいるのよね、憎たらしい）。

良い機会なので先程挙げた私の、髪が長い、目の周りが黒い、柄シャツ、細いズボン、ブーツを紐解いていってみよう。なんだかここまで自分をフィーチャーしまくっていることに自身でも驚いているのだが、まア自分の本だからいいやね。うん。

まずは髪が長いことについて。私は物心ついた時から父ちゃんの影響でディープパープルが好きだった。そして彼らは全員髪が長い。そもそも男の長髪がカウンターカルチャー派生であることとか、デヴィッド・ボウイなんかが「髪長いからって舐めんな」って言い続けてくれた歴史とかもなんか好きだし、第一に、オンステージした時に派手なんだよね。バンドやってなかったら絶対に髪なんか伸ばしてないと思う。

次に目の周りが黒いこと。高校生の時分に高円寺２０００Ｖで観た日本脳炎が主な要因だろう。音楽は当然のこと、そのみてくれも好きになる要素なのだとこの時思った。遡って好きになったサンハウスとかＲＣ（サクセション）とかを考えても、グラム的でアイコニックなキャラクターって、お金や時間を投じる大きな理由だって思った。多分好きになった彼らの見た目が街を歩いている人と同じだったとしたら、例えば同じ音楽であったとしても、私は好きになっていなかったかもしれない。

続いて柄シャツ。純粋に父ちゃんがよく着てたから。あとは生まれたのが歌舞伎町という土地柄、品の無い柄シャツに金のネックレスってたくさんいた。で、私はそれをこっそりかっこいいと思っていたりしたのだ。密かにそれを踏襲しているというのが理由。

それから細いズボン。二十歳の時に付き合っていた彼女に、足細いんだからこれをはけ、と言われてレディースの細いズボンをはいた。なんか、心底しっくりきた。あ、この理由案外薄い。まア、ロックスターはみんなシルエットが細いからそれで良し。

最後にブーツ。「ジャクソンファイブを観に行った。そしたら全員ぺたんこの靴を履いていて、それがいただけなかったね」ってプリンスが言ってるんだから、という盲目的なところと、俺が弟だと思っている奴がサンローランのブーツが似合うと勧めてくれたのがかなり大きい。


いやはや、改めて、私ごとですがどれも愛おしい。


一つは普遍的だ、でも私の歴史の中で出会っている。

一つは珍しくない、でもこの理由は自分にしかない。

一つはありふれている、でも触れた経緯に愛がある。


でもこれが合わさって形成される人間は、多分私だけだろう。

極端な話、全てが自己満足だ。だからなんでも良いとも思っているのだけど、その人にしか存在し得ない歴史があって、それ以前にその人にしかない顔と身体がある。その中に好きも嫌いも、ナルシシズムもコンプレックスもあるのは当然だが、その中で磨いてきたもの以上に愛おしいものってある？　って思ってしまう。

こだわれってことじゃない、無頓着であることもその人だから。オリジナルになれってことじゃない、それを一番に掲げた途端に破綻しているから。無理に愛を持てってことでもない、無意識下でなければ愛とは違うと思うから。
何が良くて何が悪いって話ではないんだけど。私は歴史と理由と愛が表面化してしまっている人間が好きだなアと。

思考と解体。
天才と呼ばれる人には多分、書けないであろうお話でした。

今年も例年通り、一人で過ごす。もう何年も前からそうなのだが、誕生日当日はなるべく一人で過ごすようにしている。

自意識過剰もここまでいくと大変におめでたいのだが、どこに行っても、誰と会っても、皆が私が誕生日だということを知っている気がするのだ。そのため私は、勝手に大いに気を遣う。思った通りに祝ってもらえればなんだか恐縮してしまい、思惑から外れたら外れたで「おや」となってしまう気もする。どちらにせよ、なんだか申し訳がないので、ここ何年かは一人を選んでいる。

ここ何年か、と言ってはみたが、実は幼少期から誕生日は得意ではなかった。小学校一年生の一年間、幾人かの友達がお誕生日会を開催していた。何度もお呼ばれしているのを知っていた母ちゃんが、二年生になった時分に私に提案してくれたのだ、「お誕生日会やる?」と。私は少し悩んでから断った。自分が主役の会合を自分で開くなんて、と思ったのが一番の要因だったが、正直もう一つ、大きな要因があった。

まーくんの誕生日会では、お母さんがたくさん料理を作って我々をもてなしてくれたのに対して、翌月呼んでもらったよっちゃんの誕生日会は、買ってきたハンバーガーと冷たいポテトだった。

まーくん家も、よっちゃん家も、おめでとうの気持ちに大小はないはず。それなのに、この差を目の当たりにした時、なんか心がくさくさした。事実にではなく、無意識に誕生日会に優劣をつけた自分に対してだ。

同時に喜ばれるプレゼントと、そうでないプレゼントが存在することも知ってしまった自分は、お祝いをする場所なのに、呼ぶ側も呼ばれる側もどこかで評価し合っているみたいでなんだか怖いと思ってしまったのだ。

まア明らかに、私の兼ねてからのものの考え方の問題なのだろう。ただ、形式を取るということが、純粋な気持ちに水を差す場合もあるのではないかと思ったのだ。

あと義務感を覚えさせてしまうのも正直怖い。実体験として、近しい人間が誕生日で、当日までに贈り物を用意したいと考えていた時に私は、「やべエ、何も用意できてないから早く何か用意しないと」と、少しだけ億劫に思ってしまったことがある。誕生日＝何かを贈る、が、その人が喜んでくれるかもしれないというワクワクだけでなくて、一瞬であったとしても義務感に変わってしまったその時、気持ちが少し不純になってしまった気がした。だからもし自分の誕生日に、誰かにそう思わせてしまうことがあるのだとしたら、なんだか少しだけ苦しくなる。

なので、誕生日に何かを贈り合うという習慣を作りたくない。私は、贈り物は好きな時に、贈りたいと思ったものが見つかった時に贈るようになった。

多分はっきりと初めて言うが、私の場合、誕生日だからという理由での贈り物は必要ない。イヤな奴になるのを恐れずぶっちゃけて言うのなら、私自身に、義務としての気持ちが生じてしまうのが嫌だからだ。完全に自己中であるがこれが人を「祝う」ということに対して私が純粋を保つ最善だ。

人が私に対して、私が人に対して。祝いたいと思う以外の気持ちが生じる可能性があるのだとしたら、恒例行事として贈られて贈ることから、私は離脱したい。

だから私にとって一番嬉しいのは、おめでとうと思ってくれる人が「おめでとう」とシンプルに言葉を掛けてくれることだ。当日でなくても構わないし、人伝《ひとづて》でも構わない。言われなくても別段気にしない私だから、義務ではなく伝えてくれる気持ちと言葉がやはりとても嬉しい。

ただめでたいことなので、ただめでたいまま終わらせたい。が、本意。

いや、なんか堅苦しくなってきた、どうしよう。

ちなみに誤解されたくないから明記しておくけど、贈り物は好きにやらせてもらうけど、人をお祝いするのは好きだよ。

なんだろ、見返りを求めたり、求められたりする日にならなければ、正直なんでもいいんだ。個人が純粋な気持ちで祝いたいと思った気持ちを表現できる方法が、人それぞれにあってもいいんじゃない？　って話でした。

あと関係ないけど、誕生日のイベントを「バースデー」って言う人いるじゃない？　主に呼んでもらった人が得意気に言ってるイメージなんだけどさ。「えー、なんかー、＊＊君のバースデーに呼ばれちゃってー」みたいなイメージね。あの時の「バースデー」のイントネーションが「ヨーソロー」じゃなくて「錦糸町」の人いるじゃない。あの手の人たちって、ニューノーマルとかヘアメンテとか言いがちだよね。ウケる。

最後に大前提、誕生日って当事者が祝われるより、当事者が周りに感謝する方が素敵じゃない？

「おかげさんでここまで生きられました、ありがとうございます」

が、一番ピースだと思ってる。

ということで、改めて。

いつもありがとう。あなたのおかげでこの一年も精進したいと思えます。この一年もよろしくね。

これが一番伝えたいことです。

私があなたを「あなた」と、呼ぶのは

どうして私がライブ中に「みんな」や「あなたたち」ではなく、「あなた」という言い方をするのかというのが今回のお話。

フロアに向かって「あなた」と発し始めてから、十年近く経つ。昨今あなた呼びでフロアに向けて発するバンドも増えてきたが、私がそう発し始めた当初、少なくともバンド界隈で誰も居なかったと思う。

どうして、「あなた」なのか。これは小学校の時分の校長先生の話がきっかけであった。このような切り口にするとハートウォーミングな話が始まりそうなものだが、悲しいかな真逆の話だったりする。

今考えてもあながち間違いではない気もしているが、当時は全校朝会で聞く校長先生の話ほどつまらないものはこの世の中に存在しないんじゃないかと思っていた。どうしてこんなに面白くないのか考えてみようと、炎天下、倒れた村田さんを保健室に運ぶ手助けをしながら幼い頭を回した。内容如何《いかん》などではなくきっともっと原因は根の部分な気がする。必死で回し続けた頭は一つの答えに辿り着いた。

話を大多数に向けているからだ、と。

いや当たり前なのだ。ただ、個人が集まった結果の大多数なのか、それとも個人という概念が欠如した大多数なのか、で大分違うと思う。校長先生の話はまず間違いなく後者であり、一人一人に別の考えがあって、それぞれに違う景色を見て生きているというそもそもの思考が、きっと欠如しているのだと思った。個人と対話しているのではなく、大多数という象徴に投げっぱなしているのだ。だから言い方は少し悪いが、私のようなたかが子供にも話を聞いてもらえないんだろうなア。と、そんなことを思うに至った。

のを、思い出した。

それはメジャーから落っこちた時。自分たちの音楽を軸に、人の温情に気が付く瞬間が劇的に増えたその時期に、「なんで音楽やりたいんだろう」と改めて思った折にだった。

オンステージして人と対峙するのは、何かを受け取って欲しいから、そして自分も受け取りたいから。そしてそれは決して誰でもいいわけではなく、フロアで一緒に音楽をしてくれているその人とがいい。だから伝えたいと、伝えて欲しいと思うなら目の前に何人いようが一つ一つの人生を蔑《ないがし》ろにしてはいけない。それぞれに受け取ってもらって、それぞれに投げ返してもらいたい。だとするならば、「あなたたち」ではなく「あなた」に歌いたい、と。そう思うようになったのです。

と、ここで少し脱線して、ただでさえ校長先生の話が入ってこなかった私が、ああ内容とか、意識とか以上に、結局は人間の質じゃん、って思ってしまった出来事を一つ。村田さんを運びながら思考を巡らせた一ヶ月後くらいだった。

その日の三時間目と四時間目は調理実習。厨房に立つ父ちゃんを見ていたからか、私は包丁をはじめとする調理器具を触るのが割かし得意だった。お気に入りのウサギのエプロンをして準備万端、本日はいくつかの班に分かれてサンドイッチを作ることになっていた。手際が良いことと、調理場を綺麗に使うこと、何より食材を丁寧に扱うこと。これだけを念頭において完成させたサンドイッチは、小学生が作ったにしてはなかなかの出来だったと思う。

そして運命のくじ引き。これは、校長先生と教頭先生に食べてもらう班を決めるくじ引きである。自分たちで作ったものを自分たちで食べるのも嬉しいが、誰かに食べてもらうことの喜びは子供ながらに知っていた。なので校長先生と教頭先生には、是非ともうちの班のサンドイッチを食べて欲しいと思った。

箱に手を入れて迷いなく引いた紙には赤で丸の印、見事に当たりを引いた。

程なくして校長先生と教頭先生が教室に入ってきて、我が班の席に着く。私はワクワクを隠しきれずに落ち着きがなかった。

「まア、綺麗ね、上手に出来てる」そう言ったのは真っ赤な口紅の教頭先生。

「おオ、本当だ。美味しそうだ」こちらは整髪料か何か、かなり強めの香りで有名な校長先生。

担任の先生の「いただきます」で、一斉に自分の班で作ったサンドイッチを食べ始める。それぞれのテーブルから「美味しい」と嬉しそうな声が上がった。

「わア美味しい」

「本当だ、美味しい」

教頭先生の言葉に校長先生も続く。うちの班のサンドイッチなのだから美味しいに決まってると思いながら、私も得意になって口に運んだ。決まった具材で作るものであるからして、然程差が生まれることはないとは思うが、これは上出来であると思った。

しかしこの後不思議なことが起きた。二人ともそれ以降サンドイッチに手をつけないのだ。一人当たりお皿に四切れ、全て平らげた私たちに対して、目の前の二人のお皿には三切れと半分が残った状態だった。私は疑問をそのままぶつけた。

「先生たちは、もう食べないんですか？」

すると教頭先生が眉毛を下げて答えた。

「ごめんね、今日お昼にお蕎麦とっちゃったのよ」

なかなかに、衝撃的だった。これが理由になるということがうまく理解出来なかった。昼に頼んだ出前を食べるから、子供たちが作ったサンドイッチはもう食べられない、と。今日は調理実習の日で、生徒が作ったものを試食する日だということを事前に知らされていたにも拘わらず、出前を頼んだ、と。でもそんなにたくさんは食べられないから、子供たちの作ったサンドイッチを残すことを選んだ、と。そういうことか。

程なくして担任の先生の「ごちそうさまでした」が聞こえた。校長先生と教頭先生はニコニコ笑いながら「美味しかった、ごちそうさま」と口にして席を立った。テーブルにはほとんど手付かずで残されたサンドイッチ。すごいな、持って帰りもしないんだ。

きちんと傷付いたし、こういう人間でも「先生」になれるなら立場というものは全く当てにならないことを学んだ。皮肉にもこの場所が学び舎《や》たる最高の所以《ゆえん》だと感じた。

どんなやつでも先生になれる。どんなやつでもバンドマンになれる。言葉なんてもっとハードルが低い、言おうと思った瞬間に口に出来る。

だから「あなた」って、発するだけなら正直まじチョロい。

だからあなたは自分でしっかり判断してね。その言の葉の根にある意識を。その根が張る土壊そのものである人間を。
その上で改めて。私は「あなたたち」ではなく「あなた」に歌ってます。

吹けば飛ぶよな男だが

―書き下ろし小説―

今のは果たして冗談か、それとも、否か。

壁にかかった小さな鏡で瓜生《うりゅう》さんは、何事もなかったかのように、僕に背中を向けて自慢の鼈甲《べっこう》のコームでリーゼントを整えている。

四人がけのテーブルと奥まったところに小さなキッチン。他所《よそ》と比べたことがないのでわからないが、コンビニにあるものとしてはなかなかに広めだと感じている控室。休憩中の瓜生さん。そして、僕。時計の針は間もなくてっぺんを回ろうとしている。

コンビニでのアルバイトを始めたのが三月なので、もう少しで働き始めて半年になる。今日のように深夜に働くことにもかなり慣れてはきた。しかし不慣れが故にあった程良い緊張感は、今となってはすっかりなくなっていた。噛み殺してもすぐに復活し、ゾンビのように次々にやってくる欠伸《あくび》で滲《にじ》む涙が、スマートフォンの画面をぼやけさせた。だから別段深い意味もなく、なんとなしに瓜生さんに話し掛けたのだ、「なんか面白い話はないですか?」と。

瓜生さんは少しも悩むことなく、左手の指を一本ずつ順に立てて、三つの話のさわりだけを僕に告げた。それは三本立てになった映画のタイトルを読み上げるようであり、来週の「サザエさん」の予告のような感じでもあった。

矢継ぎ早に飛んできた話を懸命に整理している僕の目の前で瓜生さんは、そんな瑣末《さまつ》なことよりヘアスタイルの方が重要であるといった具合だった。整理が追いつかず、腕を組んで天井を仰いでみた。考えることを諦めて姿勢を正すと、鏡越しに瓜生さんと目が合った。

「おい、ぼちぼち休憩終わりだろ。早く働けよ、少年」

僕は素直に訊いてみることにした。

「面白い話の一つ目は、どういうことですか」

「どういうことかと訊かれても。そのままだ、としか言いようがないよな」

「本当の話ですか」

「もちろん、ゆかちゃんと別れた」

ゆかちゃんとは先月、一週間でバイトを辞めてしまった女の子だ。確か一人暮らしを始めたばかりの大学生で、テレビや雑誌に出ていてもおかしくないと思えるくらいの美人だった。バイト初日から、瓜生さんに家まで送っていって欲しい、とせがむ彼女の姿を見ていたので、そういった経験の乏しい僕でもただならぬ空気をひしひしと感じていた。しかしその翌日、彼女が瓜生さんの頬にキスをする瞬間に鉢合わせをしてしまったので疑う余地がすっかりなくなってしまった。そして、ゆかちゃんはその後一回だけシフトインして、それから姿を見せなくなった。

「なんで別れたんですか」

僕は瓜生さんに訊いた。

「男と、そして女だからじゃないか？」

「なんですか、それ」

「真理」

何を言っているのだろうか、この人は。僕は呆れてため息を吐《つ》いた。瓜生さんは僕に「真骨頂の真に、理路整然の理だ」と丁寧に教えてくれた。

「わかりますよ、そういうことじゃなくて」

言葉を続けるのがなんだか馬鹿馬鹿しくなったので僕は一度黙った。思えば彼女とは話らしい話すら出来なかった。絶望的に気まずい空気の中で、平然と佇む瓜生さんの元からサッと離れ、照れた様子を見せる彼女の姿を思い出した。

瓜生さんは何度かしみじみと「真理だよなア」と独りごちながら、目を細めて鏡の中の自分を満足そうに見つめていた。ただのナルシストなら笑い種《ぐさ》だが、瓜生さんはどんな場面のどの角度から見ても、モデルか、もしくは俳優のように見えるので、もはや仕方がない。

「そもそも別れるっていうか、付き合ってるってわけでもなかったんだけどな。年齢も十以上離れてるし」

「そういうもんなんですか」

「あア、そういうもんなんだ」

　この話題について深くまで探るのはどうにも野暮な気もした。僕は仕切り直しの意も込めて大きく息を吸い込んで、それから次の話題に移ることにした。

「二つ目も」

「ん？」

「そのままで、そして本当の話ですか」

　瓜生さんはコームをパンツの後ろのポケットにしまった。そしてテーブルを挟んだ向かいの席に腰掛けて、持て余した長い足を組み、こともなげに小さく頷いた。

「そうだな、そのままで本当の話だ」

「へエ、本当なんだ」

「うん、ルナと付き合うことにした」

「それは」

「なに？」

「ルナさんも知ってるんですか」

「付き合うって言ってんだから当たり前だろ」

通りを挟んで向かいにあるスナック「吉良《きら》」のママであるルナさんは、このコンビニの常連さんである。ママといっても彼女は三十路を迎えたばかりで、店を任されてから二年も経っていないという。なんでも先代のママが自転車で転んだ折に、しばらく代理で店に立ったルナさんが、その器量の良さを見込まれて、店を任せてもらうことになったという経緯らしい。一度だけ、瓜生さんと吉良に行った時に直接聞かせてもらった話だ。その時、さして興味のなさそうに芋のロックを啜《すす》っていた瓜生さんがまさかルナさんと付き合うことになるなんて、二杯目のウーロンハイで顔を真っ赤にした僕には、想像することすら出来なかった。

「おい、口開いてる」

指摘されて僕はハッとした。「あ、すみません」

瓜生さんはテーブルに置かれたお菓子の入った丸い木の器からお煎餅を選び、小分けの袋を裂いたところで、おもむろに手を止めてサッと顔を上げた。

「もしかして」

「え」

「お前さんルナのこと気になってたとか？」

「いやまさか、違いますよ、ルナさんって、僕より九個か十個年上ですよね？　ないない」

「良かった」瓜生さんは心底ホッとしたような様子で言った。みんなが知っていることだが、彼の性根は驚くほど優しい。お煎餅を二回に分けて口に放り込み、バリバリと音を立てながら彼は言った。

「じゃア、どんな子が好みなんだ」

「え、いや、急に言われても」

「こういう顔の人が好き、とかさ、あるじゃん」

「ないですよ」

「なにかしらあるだろオ」

「んん、わかんないですね」

　ルナさんだとは、口が裂けても言えなかった。

　瓜生さんはつまらなそうに口を尖らせ、再び立ち上がり鏡の前に立った。後ろポケットからさっと取り出したコームを髪に入れる。しかし思うようにならなかったのか、ゆっくり首を傾《かし》げると、もう一度ものすごく慎重に髪を梳《と》かした。一歩下がって鏡を見つめ、やがて小さく頷くその様子を見るに、どうやら満足に至ったようだ。ただ、僕には一体何が変わったのかわからない。

無駄なく丁寧且つ慎重に動く瓜生さんの姿をぼんやり眺めていたが、もう一つ、詳しく聞いていない話があることを思い出した。「三つ目の」と訊ねようとした僕の口が開くよりも僅《わず》かに早く、瓜生さんが振り返って言った。

「おい、少年、いいかげん働け」

時計を見ると〇時を、五分も回っていた。慌てて控室を飛び出す。

レジに立っているマノジの横に並ぶ。青と白のストライプをささっと払って、座った時に出来た皺《しわ》を伸ばす。

「ごめんマノジ、休憩入っていいよ」

「バイ」

「ん?」

「よるごはんたべた?」

「ううん、食べ損ねた。ずっとおしゃべりしちゃって」

マノジは僕のことを見つめて、心配そうに眉尻を下げた。

「バイ、たべないでだいじょぶ?」

「うん、お昼食べるの遅かったから平気。持って帰って食べるよ、ありがと」

「どういたしまして」

マノジはこちらに向かって頭を下げた。僕も倣《なら》って頭を下げた。

彼が言う「バイ」とは、ネパールで年下に呼び掛ける時に使う言葉であるらしい。僕の名前は何度も繰り返し教えたのだが、日本に来てまだ日が浅いマノジにはどうにも発音しづらいらしく、結局はバイで落ち着いてしまった。なんでも親しみを込めての呼び方であるらしいので、僕自身もなかなか気に入っている。

「あ！」

僕はマノジに伝えなければいけないことを思い出した。控室に向かおうとしていたマノジが振り向いて、こちらに向かって首を傾げた。

「なに」

「あのさ」

僕は、努めて明るく続けた。「落ち着いて聞いてね」

「うん」

「ルナさんね、店長と付き合ったんだって」

「つきあった、はなに」

「えエと」

「うん」

「ボーイフレンド、ガールフレンド」

それを聞いたマノジは天井の蛍光灯をしばらく見つめてから、やがて両手で顔を覆ってその場に座り込んだ。

僕は隣に寄り添い、二分後にやってくるお客さんが自動ドアを開けるその時まで、マノジの背中をさすり続けた。色っぽくて愛想のいいルナさんはみんなのアイドルだった。

*

大学に友達らしい友達は、特にいない。顔を合わせれば話をする程度のやつはいるが、大学以外で会ったことは一度もない。講義を受けて、昼飯を食べ、講義を受ける。本日も取り立てるほどの出来事は特になし。あちらから見たら平穏無事で、そちらから見ても退屈極まりないような一日であった。

地元の大学に進むという選択もあった。そうすれば友達だっているし、実家のまま、食べるのにも困らない。しかしこのままでは、この先も何も変わらない気がして東京に出た。理由はそれだけだった。今のところ何かが大きく変わる兆《きざ》しも実感もないのだが、行動しなかった時よりは幾分マシなはずだと信じて生きている。

思い描いていた日々とは違うが、心が千切れるような不安もなければ、眠れなくなる程の悩みも今はない。打ち込める趣味と、やりたいことにも、この先の人生でしっかり出会う予定でいる。即ち今の生活に、別段不自由はないのだ。でも、どういうわけだろう。心の真ん中にはいつも、正体不明の漠然とした青白い空虚がある。そんな毎日。

本日も、アルバイトと相成りました。

さっき綺麗に磨いた床に夕方のオレンジが伸びている。僕は、小石川さんから受け取ったトートバッグを一度レジにおろした。

「今日もありがとうね」

この店のオーナーである小石川さんが僕に向かってゆっくり深く頭を下げた。

「いえいえこちらのセリフですよ、お世話になってます」カウンター越しに僕も深く頭を下げた。

僕は家に帰ってから食べたロールキャベツを思い出して言った。「あ、昨日もとっても美味しかったです」

「いつも美味しいって言ってくれて嬉しいわ。味は薄くなかったかしら」

「全然。ただただ夢中になって食べました。ごちそうさまでした」

「ふふふ、良かった。そういえばトシは？」

「あ、瓜生さんですか？　今裏で事務作業してくれてますよ。呼んできましょうか」

「ううん、いいのいいの」

そして小石川さんは、何を確認するわけでもなく店の中をゆっくり一周し、僕にお饅頭を一つ握らせてから、お店を出ていった。とてもしっかりしているので忘れてしまいそうになるのだが、小石川さんはおんとし八十七歳である。自動ドアが閉まる前に小さく曲がった背中に「帰り道お気をつけて！」と声を掛けた。

運よく店内にはお客さんが誰もいない状態であったため、自動ドアの向こうに誰の姿も見えないことをしっかり確認してからお饅頭を口に放り込んだ。小石川さんのくれる、なんの変哲もないどこにでもあるような普通のお饅頭は、なぜだかいつ食べても優しい味がする。

「お疲れさん、納品来た？」

後ろの扉から作業を終えた瓜生さんが欠伸をしながら姿を現した。僕は口の中身を急いで嚥《えん》下《げ》して答えた。

「あ、いえ、小石川さんがいらっしゃいました。すみません、声掛ければ良かったです」

「いいんだよいいんだよ。ばばあ生きてた？」

「縁起でもないこと言わないでくださいよ、お元気でしたよ」

「あははは」

瓜生さんは大きく笑ってから、店の角に設置されているカーブミラーまで歩みを進め、髪の毛を整え始めた。

小石川さんと瓜生さんは、遠いながらも血縁関係にあるらしい。もともとは、小石川さんと旦那さんの二人でこのコンビニをフランチャイズ経営していたらしいのだが、旦那さんが病気を患い、それをきっかけに店を畳もうとしたそのタイミングで瓜生さんが突然現れ「店は任せろ」と豪語したのだという。全ては小石川さんから聞いた話である。立ち話程度の会話であったので全貌は明らかではないのだが、「それまでほとんど姿を見せず、なしの礫《つぶて》であったのにどうしてかしら？」と嬉しそうに笑っていた小石川さんの様子からすると、きっと素敵な話なのだと思う。

「こないだばばあの肩を揉んでやったんだけどさ」店の角から瓜生さんが僕に向かって言った。

「はい」僕はレジのカウンターから身を乗り出して返事をした。

「なんかさ、最近、随分と小さくなったなアって思ったんだ。あれでも昔は結構でかいばばあだったんだよ。あ、昔の話だからまだばばあじゃねエか。いや、待てよ、でもばばあは昔からばばあだったたな」

「ばばあ、ばばあ言わないでください、というか、瓜生さんって、肩揉みとかするんですね」

「たまにな」

旦那さんが亡くなってからは、以前にも増して家に顔を出してくれるようになったということも小石川さんから聞いていた。しかし、瓜生さんの風貌から肩揉みをする様を想像することはなかなかに難しかった。

「素敵ですけど、なんだか意外ですね」

「まアなんだ、ばばあには」瓜生さんは鏡から目を離さずに言った。「まだまだ元気でいて欲しいからさ」

僕は瓜生さんの生い立ちも、小石川さんとの関係も深くまでは知らない。ただ、なんだか今の言葉は切実に聞こえた。

それからいつも通り、暇でも、さして忙しくもない時間を過ごしているうちに深い時間になった。休憩をもらうために控室に戻ると、計っていたかのようなタイミングでお腹が鳴った。軽い足取りで部屋の奥にある小さなキッチンに向かう。本日の賄いは唐揚げとサラダ、ほうれん草のお浸しと茄子の味噌汁という贅沢なものだった。

働くことを決める際、目を通した公募の詳細に、『賄いあり！』と書かれていた。コンビニなのにどういうことかと思っていたのだが、驚いたことにここでは夕方になると小石川さんが従業員の分のご飯を届けてくれるのだ。しかも抜群に美味しい。正直言うと、毎日のように僕が働いている理由の大半を占めているのがこの賄いだったりする。先程、小石川さんが店に顔を出してくれたのもこの賄いを届けてくれるためであった。

「味噌汁、ありがたいなア」

温かい状態で、とそのまま火に掛けられるよう鍋に入れて届けてもらった味噌汁をコンロにかけながら呟いた。湯気と共に美味しそうな匂いが立ち上る。これだけで今日という一日を生きた意味すら感じられた。

「俺は今日ご飯大盛りの方ね」

僕より少し遅れて休憩に入った瓜生さんが、椅子に座るなりこちらに向かって声を上げた。

「定食屋じゃないんですから」

そう言いながら僕はコンロの横に積まれたパックのご飯の大盛りを一つと、自分の分の普通盛りを一つ、電子レンジに入れる。ご飯だけはレンジで温めるパックタイプのものであるのは、単純に小石川さんが持参出来るキャパを超えてしまうからだ。ご飯を温めている間に小石川さんが持ってきてくれた賄いをお皿に盛り付ける。少し前までは頂いたまま、プラスチックの容器に入った状態で食べていたのだが、それを知った小石川さんは僕に、「心がさもしくなっちゃうから、出来るならお皿に移しなさいね」と言った。なんだか物凄く感銘を受けた僕は、その日からたとえ時間がなくてもお皿に移すようになった。マノジの分のお皿にラップを掛けたところでレンジがチンと音を立てた。ご飯を茶碗に盛って夕飯の準備が整った。瓜生さんと向かい合って座る。

「いただきます」

「いただきます」

唐揚げを一つ頬張る。毎回のことながらジューシーで驚く。あまりに美味しいので、以前なんでこんなに美味しいのかを訊いたことがある。その時小石川さんは笑いながら、下味にりんごと少しマヨネーズを入れるのがポイントなのだと、嬉しそうに話してくれた。たっぷりの肉汁にご飯が進む。醤油の香ばしさと、生姜とニンニクのバランスがいつも絶妙だ。

うっとりと舌鼓を打っている僕に、瓜生さんは訊いた。

「もうあれか、一人暮らしは慣れたのか?」

「はい、なんだかんだ半年ですから。案外、出来ちゃうもんですね」

「お前さん、部屋はどれだけ散らかしても構わないけどな、水回りだけはしっかり綺麗にしておけよ」

「承知しました。肝に銘じます。でも、なんでですか」

「二十年一人暮らししている先輩の、なんとなくのアドバイスだ」

「なんとなくなんだ。ん？　瓜生さんって、つまり、高校生の時から一人暮らしなんですか？」

瓜生さんは指を折って数えた。「あ、いや、中学の途中からだな」そして急にハッとしたように顔を上げた「あ。情が深い」

「え、なんの話ですか？」

「水回りを綺麗にしている女は情が深い。そして金銭感覚がまとも」

「すみません。全然、ピンと来ないです」

瓜生さんは眉と眉の間隔を狭めた。

「まアいいんだよ、とにかくトイレとか洗面所とか風呂場とかが綺麗なだけで、心は清らかになるんだ」

「わかりました」

水回りの話はとりあえず置いておくとして。瓜生さんは、こちらが質問をしない限りあまり自分の話をしないので、中学生の時分から一人暮らしをしていた事実など、未だに初めて知ることが多い。別段本人は何を隠すつもりもなさそうなので気兼ねをしているわけではないが、不必要な質問はなんとなく控えていた。

「あ、そうだ」

僕は思い出して声を上げた。すると瓜生さんは、何かにハッとして嬉しそうな顔になった。

「な、そうだろ、情が深くて金銭感覚まともだよな。共感してくれて嬉しい」

「違いますよ、昨日の話」


昨日の控室で、僕が何の気なしにした質問への三本立ての回答。一つ目はまア関心はあったが、想定の範囲内というか、そんなに興味を引くものではなかった。しかし二つ目はあまりに衝撃的だった。そもそも座って聞いていたからマノジのように座り込まずに済んだものの、僕の心は大きく乱された。そのショックからか、本来一番関心を持つべき話題が頭から抜けてしまっていたのだ。

糠喜《ぬかよろこ》びに終わった瓜生さんは、心底つまらなそうな表情で言った。

「違うのかよ。で、昨日の話ってなんだ」

思い返すと改めて、現実味を欠いた荒唐無稽な話だと思い、なんだか僕は口にする前から少し照れてしまった。正直に言えば、あまり真に受けてはいなかった。

「あれですよ、実は一度死んだことがあるって、あの話」

ボソボソ言う僕の前で、瓜生さんは頬に手を当てて考えて、ポンと手を打った。そして唐揚げを一つ頬張り、ご飯を口いっぱいにかき込んで、味噌汁の椀に手を伸ばした。

「おえん、へいはふいは」

「それ、食べちゃってからで結構です」

時間を掛けてしっかり咀嚼《そしゃく》して、ゆっくり飲み込んだ瓜生さんが再び唐揚げに箸をつけようとするのを制して、話が始まるのを待った。

「ごめん。正確にはな」瓜生さんはどう伝えようか悩んでいる様子だった。「死んだのは俺の兄貴だ。そしてややこしいことに、もっと正確に言うなれば死んだのは俺なんだが」

疑問を口にする前に、自分で考えてからにしようと頭を思い切り回転させたが、時間が過ぎるばかりだったので尋ねた。

「えエと。どういう、ことですか」

瓜生さんは、ふウと息をついて背中を伸ばした。

「兄貴は身体が弱くて、正直頭も良くなかった。そもそも人と関わることが嫌いだったんだと思う。あと何より、個人的に頂けなかったのは歌が下手だったことだな。そんな兄貴が二つ上の学年にいたんだが、いつも」

「あ、すみません。その前に、この話も、ええと」

「そのままで、本当の話だ」

「はい。遮っちゃってごめんなさい」

瓜生さんは小さく頷いて、続けた。

「下校の時、いくつものランドセルを持たされてる兄貴の姿は、何度見ても慣れるものじゃなかった。正直」そして少し苦い顔をした。「俺はそういう兄貴が嫌いだった」

そう口にした瓜生さんは、至って真面目に見えた。一芝居打っている感じでもなかったし、冗談で笑わせようとする雰囲気も、ましてや人を欺《あざむ》こうと考えている様子もなかった。そもそも瓜生さんが無闇矢鱈《やたら》に人を騙すような人間でないことはわかっているし、僕からすると極端に嘘の下手な種類の人間に見える。だとすれば、これはもしかすると言葉通り、そのままで本当の話なのだろうか。疑心は一度置いて、話を聞く姿勢を改めた。

「優しい人だというのはわかってたんだ。でも年頃の俺からしたら強い兄貴が欲しかったんだよ。無口な上に、ずっと怯えているように見える人が兄貴でいて欲しくなかったんだ。そんな俺の態度も良くなかったんだと思うんだが、兄貴は同級生にも、そして下級生にも舐められがちだった」瓜生さんは折り合いがつかないことと向き合っているように見えた。そして一度下唇を軽く噛んでから、ただな、と言った。「ただな、兄貴には不思議な力があったんだ」

「不思議な力？」

「うん、その力のことを俺は兄貴から聞いた範囲でしか知らないし、俺が気が付くまで、兄貴はその力について一言も話さなかった」

「それって、一体なんなんですか」

「うん、先を見通せる能力みたいなものがあったんだよ」

「未来予知的な？」

「そうだな。ただな、あまり良い能力ではなかった」

「と、いうと？」

「うん、兄貴が見えるのは死期なんだ」

「しき」

「死ぬ時期だ。死に方やら具体的な日数ではなくて、目の前にしたその人が、あ、動物でも構わないんだが、おおよそ七日前後で死んでしまうということがわかってしまう。死期を目前に控えたものに反応出来る、とでも言った方がわかりやすいかな」

「え」

「昔な、実家で飼ってた犬が突発性の病気で死んじゃったんだよ。俺と、特に兄貴が本当によく可愛がってたその犬は、寿命を迎えるような年齢でもなかったし、最期が来るまで元気に走り回ってたんだ。ある日な、学校から帰ってくると家の裏から兄貴の声が聞こえたんだよ。『守れなくてごめん、一緒にいてくれてありがとう』って。なんだろうと思って覗《のぞ》いてみたら、兄貴が犬を抱きしめて大泣きしてたんだ。意味わかんないだろ、犬はピンピンしてるんだぜ。訳がわからなかったし、もちろん犬もなんだかわかっていない様子だった。俺は遊ぶ約束があったからその時声は掛けなかった、そして帰ってくる頃にはそのことをすっかり忘れてたんだ。で、その日から五日後だ。うちの犬は突然死んじゃうんだよ」

「お兄さんは、亡くなることが予《あらかじ》めわかってたということですか?」

「うん、つまりはそういうことなんだ。ただ、あんまりにも悲しくてさ、供養するまで、その日の兄貴のことが頭から抜けたままだったんだよ。お寺さんから帰ってきた時急に思い出してな、こっそり兄貴に訊いたんだ、もしかしてわかってたのか? って。兄貴はしばらく迷ってたが小さく頷いて、誰にも話したことはないんだ、と前置きしてからその力のことを俺に教えてくれた。思い起こしてみると、街で前から歩いてくる人に対して、兄貴が不自然に目を伏せたりする場面が、それまでにも何度かあったんだよ。あれは多分、うん、そういうことだったんだと思う」

そして瓜生さんは唐揚げに一度目をやり、食べてもいいか? と僕に訊いた。僕は慌てて、どうぞ、と応えた。

どんな風に反応するのが正しいのかわからず、僕もとりあえずサラダを食べた。にわかに信じることは難しいが、こんな嘘をついたところでどうもならないであろうことだけはわかっていた。しかし、真偽もさることながら、この話を聞いている途中から引っ掛かっていたことを、僕は瓜生さんに訊いてみた。

「ちょっといいですか。でも」

「ん?」

「この話と、例の一度死んだことがある、という話と、一体どう繋がっているんですか?」

瓜生さんは、あアそうか、と言ってほうれん草を箸でつまんだ。

「兄貴と俺は入れ替わったんだ」

そして然もありなんといった具合に、瓜生さんはほうれん草を口に放り込んだ。またもすんなり受け入れ難い発言だったので、いよいよ僕の口は頭を回転させる前に動いてしまった。

「何言ってるんですか」

「何って」

「入れ替わったって、なんですか」

「なんですか、ってなんだよ」

「どうやってですか?」

瓜生さんは呆れたような表情を僕に見せると、箸を置いて立ち上がった。そしてテーブルから少し離れ、キッチンの方まで後退《あとずさ》りをした。

「ここにさ、角があんだろ。曲がり角」瓜生さんは前方の何もない空間を指さした。「んで、走るんだよ思いっ切り。で、角の向こうから相手も思いっ切り走ってくる」瓜生さんはその場で走る動作をして、先程指した架空の角のところまで進んだ。そして言った。

「で、ばーん、だ。ぶつかるんだよ」

嘘か誠か冗談か本当か、これまでの話に真剣に向き合いかけていた先程までの気持ちが、いっぺんに揺らぐほどに混乱した僕は、ぶつかって痛がるマイムまで丁寧に見せてくれるこの人の真意を、拙い言葉で探るのでもはや精一杯だった。

「まじですか」

「え、お前ドラマとかアニメとかでさ、見たことないの?」

「ありますけど」

「なんだ、見たことあるんじゃないか」

「俺がお前で、お前が俺で的なやつですよね」

「知ってるくせになんで訊いたんだよ」

「いや、そういうことじゃなくて」

そう言って瓜生さんは席に戻って、食事を再開した。鵜呑みにするのも、笑い飛ばしてしまうのもうまく出来そうになかったので僕は、唐揚げに夢中になっている瓜生さんをただ見つめていた。しかしひとまず、確認はしてみようと思った。まずは一応、とりあえず念のために、だ。

「瓜生さん」

「ん」

「冗談ですか？」

「だから、そのままで、本当の話だって。さっき言ったろ」

「だってぶつかって身体が入れ替わっちゃうっていうあれは、ドラマとかアニメの中の話でしょ。現実世界では起こり得ない話ですよ」

「じゃァお前さんはさ」

「はい」

「曲がり角で人と思い切りぶつかったことがあるのかよ」

僕は少したじろいだ。人とぶつかった経験はあれど、曲がり角で出会い頭に思い切りぶつかった経験は正直なかった。「あ、いや、その経験はないですけど」

「ないだろ」

「はい」

「やってみろ、と言いたいところだが。興味本位で絶対にやるな。あれ、まじだぞ」

瓜生さんは茶碗のご飯を一粒ずつつまんで、綺麗に平らげた。ごちそうさまでした、と手を合わせてから立ち上がり、キッチンにある冷蔵庫から麦茶のペットボトルを取り出して寄りかかると、どうにも釈然とせずに黙ったままでいる僕をチラチラ見ながら半分くらい飲んだ。やがて大儀そうに席に戻り、僕の顔を正面から見つめると訥々《とつとつ》と話し出した。

「ある日な。兄貴に外に連れ出されたんだ。小学生でも鬼気迫るとなかなかの迫力が出るもんなんだな、普段おとなしい兄貴をおっかないって思ったのはあれが初めてだったよ。無理矢理に手を引かれて、家を出てすぐの曲がり角まで連れて行かれたんだ。で、兄貴は俺に言った、『合図をしたら全速力で走って来い』って。言うことを聞かないとやばそうな雰囲気に気圧されちゃってさ、兄貴が指さした方で合図を待ったんだ。もちろん待ちながらどういう意図があるのか考えたよ。でも、兄貴をあの剣幕にさせるような物や事なんて到底思いつかなかった。熟考していると『走れ！』って声が聞こえた。まア何も高いところから飛び降りろってわけでも、目を瞑《つむ》って赤信号渡れってわけでもないし。とりあえず俺はもう何も考えずに言われた通り走ってみることにしたんだ。全力疾走だ。そして差し掛かった曲がり角で、ばーん。一体何が起きたかわからなかった。目の前がチカチカして思い切り尻餅をついた。えエと、続けて大丈夫？」

「え、あ、はい」

「頭を押さえて強く瞬きしたその先で、俺と同じように頭を押さえて悶えている『俺自身』を見つけた。もう何がなんだかわからなかったよ、そりゃそうだよな、何せ目の前で俺が苦しんでるんだから。そしたら必然的にさ、自分は一体どうなってるんだ、って思うだろ。こういう場合、即ち鏡のない場合だな、人間は自身を確認する時にまずどこを見ると思う？　そうだよ、手だ。平を見て、甲を見て、また平を見る。細くて華奢な手だった。それは紛れもなく兄貴の手だったんだ」

「入れ替わっていた、と」

「そういうことだ。俺は兄貴に、兄貴は俺になってた。ここからのあらましはややこしくなるから、入れ替わった状態で続けるぞ。そう思って聞いてくれ。つまり兄貴の身体での俺が『俺』で、俺の身体での兄貴が『兄貴』だ」瓜生さんは咳払いを一つして仕切り直した。「混乱している俺は、兄貴に腕を引っ張られて立たされた。なんのことやらわからないままフラフラ家に帰って、そして鏡の前で愕然とした。やっぱり本当に身体は入れ替わってたんだ。俺は兄貴に詰め寄って言った、『元に戻せ』って。まアそりゃそうだよな、嫌ってた兄貴だぜ、身体が弱くて頭の悪い兄貴だ、当然だろう？　そしたら兄貴は一言だけ、『これでいいんだ』って。そして何を思ったか俺を思いっ切り抱き締めた。何がいいもんかよ、翌日も、その次の日も俺は、元に戻せ、と詰め寄った。でも兄貴は軽く微笑むだけで全く対応してくれなかった。んで八日後だ。その日交互に当番だったお使いは兄貴の番、元来でいったら弟である俺がお使いに行くはずだった日だ。家を出てすぐ、兄貴はブレーキの壊れた軽トラにはねられて死んだ」

「え」

「守ってもらったんだな、兄貴に。命を」

「お兄さんが、代わりにって、こと、ですか」

「かなりショックだった。兄貴のしてくれた行動も、ただただ救われた自分も。兄貴も自分も、どっちも亡くしてしまったような、そんな気持ちだったよ」

しばらく沈黙があった。しかし流れる空気をわざと壊すように、瓜生さんは姿勢を崩して、声のトーンを一つ上げて言った。「ただな、聞いてくれよ。例のおっかない能力は引き継げなかったみたいだから良かったものの、それ以外のポテンシャルは全部兄貴だぜ。頭が追っつかないままで受けた最初の授業でいきなり長方形の面積求められるって残酷すぎるだろ、二学年上がると結構やばいぞ。本当に苦労したよ。涙ぐましい努力の末に、今日《こんにち》の俺があるというわけだ」

瓜生さんは、ふウっと息を吐いて立ち上がった。そして僕を見て表情をじっと観察してから、一度頷き、「とか言ってな」と言った。僕は慌てた。

「いや、とか言って、って」

「あ。お前さん、昨日飯持って帰ったんだろ？　今日はあったかいうちに食っちゃえよ」

「え、今の話は嘘なんですか」

瓜生さんはそれには応えず、鏡の前で肩幅よりも随分大きく脚を広げた。髪型を整える時のいつものポーズだ。僕はもう一度訊いた。

「瓜生さん」

「ん？」

「嘘なんですか」

すると瓜生さんはゆっくり振り返って、僕を見つめて言った。

「いいや、嘘じゃないよ」

その顔は真剣そのものだった。しかしすぐに表情を緩めた。「でも、この話を信じろというのはなかなかに難しいよな。立場が逆なら、俺は信じないと思う。だから好きにしていい。信じるのも、信じないのも」

「えエエ」

僕は立ち上がって瓜生さんの背中に向かって嘆いた。瓜生さんは、あはは、と笑うばかりで、そこからは取り合ってはくれなかった。

やがて休憩が終わり、僕は控室を出た。今の話は一体なんだったのだろう。一人で考えたところで答えが出ないことはわかっていたが、考えずにはいられなかった。会話を振り返りながらレジに入るが、隣を見た途端、その思考には強制的にストップがかかった。いつもより丸まった、まるで覇気のない背中を、僕は丁寧にさすってやった。背中の主がこちらを見る。

「バイ」

「マノジ、元気出しな」

「むり」

「ご飯食べて来ていいよ。今日はマノジが好きな唐揚げだよ」

「ごはんたべるの、いまできない」

「うんうん、辛いね。一緒に乗り越えようね」

マノジは「ルナさん」と呟くと、力なく肩を落としてのそのそと控室に向かった。

「あ」僕は思い立って、彼の背中に声を掛ける。「マノジ」

「なに」

「マノジさ、店長に嘘つかれたことある？」

マノジは振り返り、そんなことどうでもいいといった具合に乱暴に答えた。

「ないね、うりゅうさん、ぜったいうそつかないよ」

「んん、だよねエ」

そのタイミングで自動ドアが開き、僕は慌てて、「いらっしゃいませ！」と声を上げた。

＊

上京して半年程度では、新宿の雑踏を器用に歩くことは難しい。ただ、うまく歩けない理由は実は他にもあって、僕はかなり浮き足立っていたのだ。なぜならTシャツ一枚に一万円も出したのは生まれて初めてのことだったから。買い物袋を持つ手に汗が滲んでいるのがわかった。何度も人にぶつかりそうになりながらバイトに向かうために駅を目指す。というか、既に駅のはずなのに、改札を見つけることが出来ない。迷路から出られませんでした、は遅刻の理由になるだろうか。とりあえず、出鱈目に急ぐ。

「金曜の夜何してる？」と声を掛けられたのは昨日のことだった。例の、顔を合わせれば話をする程度のやつのうちの一人だった。どうしてか訊ねると、男女交えた同学年での飲み会があるとのことだった。「暇なら来なよ」とそれだけ言って彼は、颯爽と去っていった。

大学に通って初めての出来事だったので、些《いささ》か舞い上がった。もしかしたら、これを機に想像したことのあるキャンパスライフが始まるのかもしれない、とその日のバイトの休憩時間、瓜生さんに金曜日の夜バイトを休むことが出来ないかと恐る恐る相談した。瓜生さんは「好きなことやってこいよ。何もバイトはお前とマノジだけじゃないんだから」と言ってくれた。

なので本日は、出勤前に買い物に行ったのだ。それまで遊ぶことがほとんどなかったので、少額ではあるが貯金もあった。僕なりの大奮発だった。

その日のバイトを終えて着替える。新宿駅を必死で奔走した時にかいた冷や汗がすっかり乾いていたので安心した。

「お疲れ様でした」

店を出ようとすると、レジのカウンターの中から瓜生さんが買い物袋を指さし、そしてニヤリと笑った。

「気合入ってんじゃん」

「いや、別に、そういうんでもないですけど。あ、これ買ったんですけど、どう思います？」

いつ何時《なんどき》でも身嗜《みだしな》みに気を遣っている瓜生さんに、とっておきを見てもらおうと、一万円の戦闘服を丁寧すぎるほど丁寧に袋から取りだして広げた。カウンターから出て来てくれた瓜生さんは近くで見てから、一歩引いて眺め、やがて二、三度首を傾げた。

「んん、悪くないいんじゃねエの。まア俺の趣味ではないけどな」

「そんなこと言わないでくださいよ」

「いや、俺が好きなものが全部なわけじゃないからさ。今の若い子はみんなこういうの着てるし」

「小石川さんには好評でしたよ？」

「みんなに訊いてまわってるのか。マノジはなんて？」

「どうやら気に入っちゃったみたいで、プレゼントだと思って受け取ろうとしてました」

「あはは。あいつらしいなア。まア明日は頑張ってこいよ。これもいるんだろ」

目を細めて口角だけを上げた瓜生さんが小指を立てた。

「やめてくださいって」

なんて言って、僕は満更《まんざら》でもなかった。


「で、どうだったんだ」

土曜日の夜。瓜生さんの好奇の眼差しは少年のようだ。いつものように控室で、小石川さんが作ってくれた晩御飯に手を合わせた直後のことだ。本日のメニューは煮込みハンバーグに水菜とトマトのサラダ、玉ねぎのスープ。デザートに、と頂いた桃はまだ冷蔵庫に入れてあった。

「いやア、なんて言うか」

「どうしたんだ?」

小上がりになった席に二十人近くの男女が揃ったあの景色。それぞれの場所で上がる笑い声と、周りに合わせて頼んだ初めてのハイボール。

「えエと」

「なんだよ」

「負けました」

「飲み会だろ。勝ったも負けたもないだろうが」

「いいえ、おそらく負けという言葉が最適かと」

僕以外がなかなかの盛り上がりを見せていたその会の話題は、当然のように学校での話、それに加えて男女間の浮いた話と、そして将来の話。正直言って、どの話題にもついていくことが出来なかった。

会合の盛り上がりに拍車を掛けるための浮ついた話でまず躓《つまず》いた。驚いたことに、みんな学校、もしくは学校の外に恋人や恋人未満の人がいるようで、各々の青春を各々の形で謳歌していたのだ。この話題に乗れない人間を探そうと、こっそり周囲を窺ってみたのだが、押し並《な》べてその心得があるといった具合に頷いたり笑ったりしていた。その光景を目の前に僕は完全に尻込みしてしまったのである。

「よくわからないが」瓜生さんは眉を顰《ひそ》めた。「あんまり、だったわけだ?」

「おっしゃる通りです」

「楽しくなかったんだ?」

「楽しくなかったわけではないのですが、んん。自分が少しだけ浮いちゃってるように感じてしまったというか、転校初日の昼休み感があったというか。もちろん知っている人間が極端に少なかったということもありますが、そういうことでもなくて。なんだろうなア、ずっと混ざらないいんですよ。あア、違うか。混ざれない、が正しいのか。つまり、そうですね、楽しくなかったのかも」

　それを聞いていた瓜生さんは、まアさ、と前置きをして僕に言った。

「無理に混ざるもんでもないからよ」

「はい」

　僕は優しさに感謝して頭を垂れた。瓜生さんが、こっちの方が美味い、と言うので和風のドレッシングをサラダにかけた。すると瓜生さんは大切なことを思い出したように、勢いよく身を乗り出して、それから内緒話の様相で僕に訊いた。

「で、可愛い子は?」

「あ、いました」

瓜生さんが箸を持ったまま勢いよく立ち上がった。

「お！」

あまりに嬉しそうな、そして何かに期待している空気をぶち壊すのは憚られたが、気を持たせてもいいことがないので、すぐに言った。

「でもその子、僕の斜向《はすむ》かいに座ってる男の彼女でした」

「そうか」

「はい」

「香ばしいな」

「香ばしくないですよ、しかもその斜向かいの男って、僕のこと誘ってくれたやつなんですよね」

「やっぱり香ばしいじゃないかよ」

「すみません、香ばしかったです」

瓜生さんはストンと腰を下ろして楽しそうに笑った。なんだか僕もつられて笑ってしまった。

箸で丁寧に半分に割られたハンバーグのジューシーな断面が見えた。それをもう半分にしてから瓜生さんは口に運ぶ。そして箸をタクトのように振って、まア、と口を開いたが、行儀が悪いと思ったのか茶碗の上にきちんと並べてから言った。

「友達の彼女はやめとこうな。今お前さんが感じているより多分、友情は尊いものだぞ」

「いや、別に友達って感じでもないんですよね」

「え、なんだよ、じゃア関係ないな。取っちゃえよ」

「無理ですよオ。そいつすごいんですから」

「何が」

「えエと」

そして僕は、そいつの話を瓜生さんに聞かせた。

おそらく誰でも、そこの商品を何かしら持っているであろう有名な家電会社の重役を父に持つ彼は、加藤といった。垢抜けた見た目で頭も良く、将来は父と同じ会社に入るということを目標にしていた。明確なビジョンを持った彼の、目標を実現させるために実践しているノウハウや、大学一年生にも拘《かかわ》らず、既に始めているという就職活動の準備の話は、周囲の人間を大いに惹き付け、僕にはどこにも抜け目を見つけることが出来なかった。加藤がどんな人生を送ってきたのかまではわからない。しかし彼の顔を凝視すれば、額に「順風満帆」の文字が浮かび上がってきそうだった。そして何よりもガックリきたのは、話の内容はもちろんのこと、その時間、加藤が周りの人間を笑わせることを忘れなかったことだった。

「大敗だな」

瓜生さんが腕を固く組んで言うので、僕は大いに嘆いた。

「だから言ったじゃないですかア、負けたって」

「あはは、冗談だよ。俺は加藤に会ったことはないから適当なことはあんまり言えないけどさ、別にお前さんは負けてないと思うよ」

「僕のどこが勝ってるんですか」

「勝ってるとは一度も言ってない。負けてないって言ったんだ」

「何が違うんですか」

「勝つことよりもな、負けないことの方が余程大事だ」

「んんん」

「負けてないよ、少なくとも判断するのは今じゃない。まだまだだ」

その言葉を真に受けたい気持ちはもちろんあったが、昨晩、目をキラキラさせながら加藤の話を聞いている周囲の反応が、全てを物語っているような気がした。その時自分はどうにも立つ瀬がなくて俯いたのだった。視線の先で、あぐらから覗いた靴下のつま先が擦り切れそうになっているのを発見した。その日、一番印象に残っている光景だった。

僕はぼんやり、瓜生さんの後ろに見える壁を見つめた。長く細いため息を吐いてそれから、独りごちるようにボソボソ呟いた。

「うん、でも。夢も持ってて、ユーモアもあって、すごいですよ」

瓜生さんは顎に手を当てて、幾度か小さく頷いた。そして僕に言った。

「多分な、お前さんも、そして周りもそうだが、夢や目標をちょっと美化しすぎてると思う。もちろんとても素敵なことだ。やりたいことに出会えて、それに向かって精進している姿はそりゃア格好いい。ただな、そうでない人間が引け目まで感じることはないと、俺は思う。自分が邁進出来るものには、そうそう出会えるもんじゃないからさ。ましてや学生さんのうちになんて尚更。だからなんて言うか、んん、楽しければいいんだよ。あ、投げやりになれってことじゃないぞ。楽しくいるために自分がどうしたいのかの方が、夢や目標を持つことよりも先にあるべきなんじゃないか？　ってことな。そのために、自分には夢や目標が必要だと思うんなら、出会うための行動は絶対に必要だろうけどな」そしてスープを一口飲んだ。「ごめん、しゃべりすぎた」

「いえ、とんでもない。なんか、あの、ありがとうございます」

本心であった。劣等感ばかりが表立っていたことを自覚させられた。体裁さえ保てれば、付け焼き刃の夢でも語れるようになりたいとまで思ってしまったからだ。改めて頭を下げた。

「ありがとうございます」

「いや、だから、そういうんじゃないいんだ。参ったな」

どうにも座りが悪そうな瓜生さんは、恥ずかしそうなその様を誤魔化すように「あ、でも、ユーモアは努力だぞ」と吐き捨てるように付け加えた。僕はその姿がなんだかとてもチャーミングに見えた。

「ユーモアって努力なんですか」

「そうだよ、ユーモアは相手に対する想像力だ、つまり優しさだ。努力が必要なんだよ」

「肝に銘じます」

「そうしなさい。あ、桃食う？」

瓜生さんは僕の返事を待たず、逃げるようにキッチンへ向かった。そして冷蔵庫から桃を取り出し、表面の毛をサッと洗って落とした。手際良く、削ぐように皮のまま切り落としていくのが見えた。

食事を終えて手を合わせると、瓜生さんが少し実の残った種をしゃぶりながら、戻ってきた。

「まだ硬いけど、なかなかうまいぞ」

そういって、桃の乗ったお皿をテーブルに置いた。

「ありがとうございます」

「桃と柿は硬い方がいいよな」

「え、そうですか」

「そうだよ」瓜生さんがノールックで放り投げた種がゴミ箱に吸い込まれた。

切ってもらった桃を一つまみ口に入れる。ゴリゴリとした桃からは、熟れる前特有の若い香りがした。

「瓜生さんは」

「ん？」

「夢とかって、あるんですか」

「プロ野球選手」

「またまた」

「それか加藤と同じ会社に入ること」

「真面目に」

「あはは。いや、なんて言うかさ、ただ格好よく生きたいと思っているくらいで、申し訳ないんだが大袈裟なものはないんだ」

「格好よく、ですか」

「なんて言うんだろ。今の俺はさ、兄貴なわけじゃん？」

こないだの話だ。もちろんあの話を忘れていたわけではないのだが、日を跨《また》いで追窮するのはどうにも気恥ずかしく、触れられずにいたのだ。だからあのまま、真偽の程は確かめられていない。

「はい」

とりあえず返事をしたが、僕の心は中立にあり、全面的に信じているわけでも、全面的に疑っているわけでもないというのが今の心情。

「頼んだわけでもないから勝手な話ではあるとも思うんだけどさ、俺は兄貴に生かされたわけだよな。その心意気を無下にしたくないんだ。だから兄貴が兄貴のまま生きるより、俺は格好よく生きてやろうって決めたんだ。かと言って、俺自身を蔑《ないがし》ろにするのは兄貴の本懐ではないだろうから、俺と兄貴の二人分、格好よく生きたいと思ってるよ。格好いいって一体なんだ、って話は、まアなんだ、己の美徳のみぞ知る、ってなもんだろう。そしてな。それより何よりも」瓜生さんは大切そうに口にした。「自分の近くにいる人が、もっと笑っててくれるような生き方をしたいって、一番に思うかな」

「はい」

今の返事は、一つ前の返事とは違う。尊敬の意と共感の意を、たくさん込めた。事実がどうあれ、素敵だと、素直に思った。

瓜生さんは長い四肢を大きく伸ばして、豪快に欠伸をした。

「社長さんやら、有名人やら、お金持ちやらと比べたら、スケールは小さいかもしれないし、正直、俺にだっていくつも選択肢はあったんだ。けど、俺はこの人生を好きで選んだんだよ。なアこれさ、言い訳とか、強がりに聞こえるか？」

「いいえ」

「一緒にいられる時間に絶対的な制限がある中で、好きな人が笑ってるのを近くで見ていられる時間は本当に尊いことだ、って俺は思うんだよな。なアなア、あとやっぱり俺今日しゃべりすぎてるよ、参った」

「ううん」僕は首を横に振った。「話聞けて嬉しいです」

瓜生さんは立ち上がり、いつものように鏡を前にした。バッチリ決まっているように見えるその髪を、首をゆっくり左右に振って確かめる。

「あと外見もな。兄貴が兄貴のままでいるより格好よくしてやりたい。んで、しっかりモテたい」

「あは、照れ隠ししなくてもいいですよ」

「本心だよ、本心。お前さんにもポンパドールの作り方教えてやろうか」

ポンパドールが一体何のことなのか僕にはわからないが、おそらく丁寧にコームを入れ直しているトップの部分なのだろう。サイドを撫で付け、改めて鏡の前で表情を作る。またやってるよと毎度思うのだが、悔しいかなそれと同じ回数だけ、絵になるなアと感心してしまう。ただ正直瓜生さんがかっこいい要因は髪型ではない気がしているし、今時の髪型にしたらもっとモテるのではないか、ともこっそり思っている。

「僕には似合わないので遠慮します」

「やってみなきゃわかんねエぞ。もしその気があるなら俺のコームを一本託してやってもいい」

「大丈夫です」

「鼈甲だぞ」

「はい」

「次また昨日みたいな集まりがあったら、髪の毛は俺がセットしてやるよ」

「結構です。モテたいので」

「それどういう意味だ。あ、お前さん桃全部食うなよ、マノジの分どうすんだ」

「あ、やばい」

「マノジ、桃好きなんだぞ」

「え、そうなんですか、どうしよ」

僕の背後で扉が開く。

「うりゅうさん、なにかいった」

僕は慌てて立ち上がり、振り向きざまに背後にお皿を隠した。即座に拵《こしら》えた満面の笑みをマノジに向けると、マノジは首を傾げて、瓜生さんはゲラゲラ笑った。

*

学校を終えて、青と白のストライプに袖を通す。ロッカーに入れた携帯電話が震えた音がした。画面を確認すると、ディスプレイに加藤の名前が表示されていた。メッセージを開こうとすると、背後でマノジが言った。

「ありがとう」

マノジが丁寧に頭を下げるので、僕もきちんと頭を下げて「どういたしまして」と言った。

いつも瓜生さんが髪型を整える小さな鏡で、マノジは身体全体を映そうと必死だ。左に捻った身体を今度は右に捻った。制服に着替えもせずに、かれこれ五分以上ずっと鏡を見ている。

「バイ」

「ん？」

「どう？」

「似合う」

「にあうは、なに」

「グッド」

仕事に入る前にメッセージを確認する。先週はありがとう、から始まったメッセージの内容は、来月の末にもまた何人かで集まるのでおいで、という旨のものだった。瓜生さん曰く、勝ってはいないが負けたわけでもないあの飲み会。とりあえず、バイトが終わったら返信しようと、携帯電話を再びロッカーに戻した。

振り返るとマノジは飽きもせずにまた鏡と向き合っていたので「ほら、仕事遅れるよ」と声を掛けた。

「バイ」

「ん？」

「うれしい」

「あはは、何よりだよ」

「なによりは、なに」

「もう、早く制服着て」

僕は笑いながら控室を出た。


昨日のことだ。

いつものように小石川さんが賄いを届けてくれた。僕はいつものトートバッグを受け取り、一度レジのところに置いた。

「素敵なお洋服ですね」

初めて見るブラウスだった。小石川さんは嬉しそうに応えた。

「まア、ありがとう。あ、これどうぞ」

そう言って僕の手にいつものお饅頭を握らせた。

「ありがとうございます」

「こないだね、ちょっと用事があって神田の方に出かけたのよ」

「はい」

「大荷物になりそうだったから、無理言ってトシについて来てもらったの。これは帰りがけに見つけたんだけどね、しばらく眺めてたら、あの子黙っていきなりお会計しちゃうのよ。ぶっきらぼうに渡してくれてね、『ばばあには、少し派手だな』だって。ふふふ」

「わア、なんかすごく瓜生さんっぽい」

「プレゼントなの」

小石川さんはそう言って、綺麗な緑色のブラウスの肩をぽんぽんと叩いて見せた。

その時、控室の扉が開いてマノジが顔を覗かせた。

「あ、こいしかわさん」

「あ、マノジ」

マノジが嬉しそうに声を上げたのに反応して、小石川さんも声を上げた。ピストルのような形を作った両手でお互いを楽しそうに指し合っている。あまりにも良いテンポだったので、お笑い芸人同士の掛け合いを見ているようだった。

「こんにちは」

「こんにちは」

そうしてお互い頭を下げ合った。どうしてこんなに相性が良いのかわからないが、この二人は本当に仲が良い。小石川さんはマノジと話している時、何歳か若返って見える。

「きのうのはじめてたべた、またつくってください」

小石川さんは頬に手を当てて考えて、ポンと手を打った。

「しぐれ煮ね、牛肉の」

「しぐれにね？」

「ううん、しぐれ煮」

「しぐれに」

「そうそう、美味しかった？　ふふふ、また作るわね」

マノジは大きく破顔し、それを見た小石川さんも少女のような笑顔を見せた。そこで僕はあることに思い当たり、マノジに訊いた。

「そういえばさ、ネパールって、牛食べて大丈夫なの？」

「たべたらだめ」

「え、昨日の牛肉だよ」

「ぎゅうにくは、なに」

「ぎゅうは牛だよ」

「げ」マノジは大袈裟に驚いてみたが、すぐに戯《おど》けて顔の前で手を振った。「みんなひんどぅだからだめ、でもまのじきりすと、だいじょぶ」

「ちょっと、びっくりさせないでよ。キリスト教の人もいるんだね」

「うん、でもとてもすくない」

そう言った次に、身振り手振りで何かを表そうと広げたマノジの腕が、トートバッグに当たった。やばい、と思った時ほど敏感になる人間の動体視力は、床に向かって落下するトートをゆっくりに見せた。咄嗟に身体ごと伸ばした僕の腕はかろうじて取っ手の片方を掴んだが、鍋の中身がなかなかの量溢《こぼ》れてしまったようだ。布から滲み出た味噌汁が床を濡らした。

「あいたた」

鍋だけに気を取られてしまっていたが、振り向くと、小石川さんが膝を押さえて蹲《うずくま》っていた。どうやら落ちるトートに反応して踏み出した拍子に、膝を痛めてしまったようだ。慌てた僕が、「大丈夫ですか」と声を掛ける前に、マノジがカウンターから飛び出して、小石川さんを支えた。

「だいじょうぶ？　だいじょうぶ？」

僕もすぐに隣にしゃがみ込み、様子を窺う。

「小石川さん、大丈夫ですか」

すると小石川さんはゆっくり立ち上がって、膝をぽんぽんと払いながら、明るい様子で言った。

「嫌ねエ、歳をとるって」

「病院、お連れしますよ」

僕が言うと小石川さんは首を横に振った。

「ううん、小さい段差上っても痛くなるんだから。こんなのいつものことなの。ごめんなさいね」

「びょういん」

「大丈夫大丈夫。明日は病院の日だから、痛くなったらついでに見てもらうわ」そう言って小石川さんは僕の方を見た。「それよりあなた火傷しなかった？　マノジも大丈夫？」

慌てて大丈夫であることを伝えると、小石川さんにはそんな僕らの姿が大袈裟に映ったようで、ふふふ、おかしい、と言って小さく笑った。

家まで一緒に行くと言って一切引かなかったマノジが小石川さんを送りに出ている間に、僕は床に溢れた味噌汁を掃除して、トートバッグを洗った。その日はなんだかとても暇で、どこか間延びしたような時間が続いていた。お客さんのいない店内を眺めながら、小石川さんの膝の具合は大丈夫だろうか、と考えていると、自動ドアが開いた。

「いらっしゃいませ、あ、おかえり」

「ただいま」

帰ってきたマノジは肩を落として言った。

「小石川さん大丈夫だった？」

「わからない、でも」

「ん？」

「うん、もういたくない、いってた」

言葉とは裏腹に、俯いたままでいるマノジに、僕は努めて明るく言った。

「だったらきっと大丈夫だよ。マノジ、お見送りご苦労様」

マノジは顔を上げて、口角だけ上げて笑顔を作った。

「バイ、そうじごめんね。みそしるごめんね」

「ううん、大丈夫大丈夫」

マノジはもう一度、ごめんね、と小さく呟いて仕事に戻った。

その後は、さっきまで時間を持て余していたのが嘘であったかのように、客足が絶えることがなく、僕は延々とレジを打つことになった。コンビニは、ある程度の波が予測できるので、不意の混雑は珍しいことだった。お腹が空くことも忘れて仕事に励んでいたようで、ようやく落ち着いたと思い見上げた時計の針は、休憩まで間もなくの時間を指していた。腰を伸ばして息をつくと、お腹が鳴った。視線の先、棚におにぎりを並べるマノジの背中は、いつもより小さく見えた。

「あれ、なんか少なくないか」

瓜生さんはお椀の中を見て、不満げに声を上げた。僕はご飯が温まるのをレンジの前で待ちながら応えた。

「今日ね、ちょっと溢しちゃったんですよ、すみません」

「あ。もしかしてさ、溢したのってマノジ？」

瓜生さんが椅子の背もたれに肘を掛け、こちらを振り向いた。返事をしようと思ったその時に、レンジが鳴った。僕はご飯を取り出す。

「あちち、なんでですか」

瓜生さんは立ち上がって、誰が見てもなんの用事もないことがわかる様子で、あたりをふらついた。目についたリモコンや、いつからそこにあるのかわからないカエルの置物を手に取ったりしながら言った。

「いや、今日ずっと元気なかったからさ。あいつ、なんかあったのかなって」

「あア、というよりも。元気がなかったのは、小石川さんが膝痛くしちゃったからだと思います」

「どういうこと？」

「賄い持ってきて頂いた時にね、お鍋が落ちそうになっちゃったんです。小石川さん、それに反応して膝を痛くしちゃったんですよ。マノジは多分そっちの方を気にしてるんだと思います」

「あア、そういうことね」

僕はご飯をお茶碗によそってテーブルに持って行った。所在なく歩いていた瓜生さんを席に座らせて、二人で手を合わせた。

「いただきます」

「いただきます」

今日のメインは、鶏の手羽元をレンコンと炊いたものだった。先程お皿に移す時、皮目でタレが照っている様を見てから、腹の虫は鳴きっぱなしになっていた。瓜生さんは手羽元を一つ齧《かじ》り、「うまい」と嬉しそうに呟き、お椀に半分しか入っていない味噌汁を大切そうに啜り、今度は感慨深そうに、「うまい」と唸った。

そして僕の方を見た。

「あいつん家のお袋さんと、うちのばばあさ」

「はい」

「似てるんだって」

「え」

「顔が」

「そうなんですか」

「写真見せてもらったことあるんだ。似てるっていうかなんていうか」

「はい」

「ほぼ同じだった」

「あはは、そんなことってありますか」

瓜生さんも笑った。「うん、見分けつかないよ。でもな、顔しか似てないらしいんだ。優しい人だったんだけど、いつもむすっとしてて、ほとんど笑ったことがなかったんだと。まア、あいつが子供の頃に亡くなっちゃったみたいだから、細かく覚えてはいないって言ってたけどな」

「瓜生さんから見ても似ていると思うなら、相当似てるんですね」

「いや、あれは誰が見てもそう思うよ、今度写真見せてもらいいな」

「はい」

「だからなのかな」

「何がですか」

「ばばあがお袋に思える時がある、ってマノジ言ってたんだ」

「なるほど」合点がいって思わず声が漏れた。その気持ちが伝わって、小石川さんも自然とそれに応えているのだろう。「すごく仲が良いなアって、思ってたんです。そういうことだったんですね」

「日本では、うちのばばあが少しは拠り所になってたんだろうな。まア、家族のためとはいえ子供置いて単身で異国に出稼ぎは、堪《こた》えるもんがあるよな」

「え、マノジ結婚してるんですか」

「うん」

「それなのにルナさんのことを好きとか言ってるのか」

「ん？　ルナ？」

「いえいえ、なんでもないです。そして子供もいるんですか」

「うん、八人」

「八人も！」

「養うのも楽じゃないよ、加えて親父さんと、親父さんの弟夫婦と、その子供たちと、婆さん二人と」

「いやいや大家族じゃないですか」

「うん、どういうわけか爺さんは三人いるらしいぞ」

「なんなんですかそれ。いやア、そんなに大勢の家族がいたなんて知らなかったです」

「一手に担って面倒見る、って自分で決めたらしいんだ。だから日本で語学の先生になるんだとよ。今だってここでの給料の半分は仕送りしてるって言ってたぜ。しっかり稼ぎに来てるんだ。すごいよな、あいつ頑張ってるよ」

「言葉の先生になる、ってマノジから聞いてはいたけど。いや、すごいな」

マノジが様々な国の言葉を話せるのは、どんな国のお客さんが来ても滞りなく対応出来るのを見ているので知っていた。日本語以外理解出来ない僕が、正確に判断出来るのかは、自分でも少し疑わしいが、特に英語はネイティブであるかのようだった。

「自分の国でまとまった金を稼ぐのは少し厳しいんだろうな。立派なもんだよ、立派だけどさ」

そして瓜生さんは寂しそうな顔をした。「いつまでこっちで働いたら、家族と暮らせるんだろうな。幸せってのは難しいな」

日本で生まれた僕には想像も出来ない過酷な環境で、背負うと決めたものをさらにしっかり背負い直すような決断を迫られた時、自分なら何が出来るだろう。幸せを願って、生活を担って、安泰を祈って。それを行動に移せるだけの度量が自分にはあるのだろうか。自分以外の幸せのために、自分の苦労を苦労とも思わず、幸せだ、と感じられるだけの人間の器が自分にはあるのだろうか。

「マノジ立派です。そして幸せは難しいです」

「それなのにあいつ、いつもニコニコして愚痴一つ吐かないだろ。なアんかさ、せめて笑ってて欲しいよな」

「そうですね」

で。

マノジの笑顔を守るために僕が一晩考えた策は、先週プレゼントと勘違いさせてしまった例のTシャツを、本当にプレゼントすることだった。

一度袖を通したものであったし、贈り物としていかがなものか、という迷いもあったが、僕の懐の状況的に、新しいものをプレゼントするのは難しかった。なので、所持しているものの中で一番プレゼント然としていたものを選んだというわけだ。

お祝い事でも記念の日でもないわけだし、無理に何かを贈る必要は全くなかったのだが、マノジに対する敬意を、ものとして受け取って欲しいと思ってしまったのだ。

今し方の控室で、何度も鏡に自分を映すマノジを見る限り、僕の策はうまくいったのだと思う。マノジの表情から完全に曇りが消えたわけではないが、喜んでくれたのは間違いないようだ。一張羅にしようと決死の覚悟で購入したものではあったが、自分で使い続けるよりももっといい用途を見つけることが出来たと、カウンターの下で小さく自己満足のガッツポーズを作った。

僕がレジに立つのに遅れることおおよそ二分、急いで着替えて来た様子のマノジは、控室から出てくるなり再び僕に向かって頭を下げ、ありがとう、と言った。

「ううん、昨日色々考えた挙句、勝手に贈りたくなっただけだから。お礼はいいの」

おそらく半分くらいは理解してくれたであろう曖昧な笑みではあった。僕も妙に照れくさくなって中途半端な笑みを浮かべていると、自動ドアが開く音が聞こえた。

「こいしかわさん」

入り口に目をやると、店に入ってくる小石川さんが見えた。

急いで歩み寄ったマノジは、不安そうな様子で尋ねた。

「まだいたい？」

すると小石川さんは、少し屈《かが》んで自分の膝をパンパンと叩いて笑顔で答えた。

「ううん、全然痛くない」

それを聞いたマノジは僕の方にパッと振り返った。

人の心を覗くことは出来ないし、たとえ本心を言葉にしてもらったとて、最も深いところまで推し量るのは不可能だ。自分ではない、という時点で、心根を完璧な形で理解することは出来ない。だから向こう十年は、こんなに手に取るように人の心がわかることはないだろうなアと、マノジの表情を見て思った。完全に晴れた彼の笑顔は、それくらいに明快であった。

「バイ」

「どうしたの」

「よかった！」

「うん、良かった。良かった」

僕の一つ目の良かったは、もちろん小石川さんに。二つ目の良かったは、言わずもがなマノジに。

五分後に、「じゃアそのTシャツはもういらないね」と言いそうになった僕は、少なくともその瞬間において、日本で一番さもしい男だった。

＊

夏は確実に終わりを匂わせているのに、秋は一向に顔を覗かせないでいる。夕方なのにまだ暑い。毎年こうなのだろうか、クーラーの効いた店内で東京の十月を思う。

この時間からの品出しは、子供連れのお客さんのためにお菓子を、仕事が終わりを迎えるお客さんのためにお弁当類とペットボトルの飲み物を、主に。それぞれの生活と限りなく近い距離にいるコンビニでのバイトは、なんだか一日を通して時間の流れを感じることが出来る。

働くということは、誰かと携わることで、お金と同時に、「生きる」実感を得るためのものでもあるようだ。なんのための人生かをただ闇雲《やみくも》に考え込んでしまうくらいなら、打ち込めるものに打ち込む。それが娯楽であっても、勉学であっても、仕事であっても。それは逃避とは違うのではないかと最近は思うようになってきた。

今の僕にとってはここでのアルバイトが、そうだ。仕事はもちろん、ここで出会った人たちがそう思わせてくれた。

そんなことを考えながら、通算五十回目くらいの注意をする。

「瓜生さん、口笛やめてくださいよ」

僕がそう言うと、瓜生さんはチョコレートの箱を片手に、口を尖らせたままこちらを見た。

「大丈夫だよ、今客誰もいないだろ」

「それが癖になってるからお客さんいても口笛吹いたり、鼻歌歌ったりしちゃうんじゃないですか」

「あはは、でも上手いもんだろ」

「上手ですけど、そういうことじゃなくて。いつも小石川さんにも注意されてるじゃないですか」

「ばばあ、いつも笑ってるし、本気じゃないよ」

「でも店長としてよくないと思います」

「はいはい」

「あ、そうだ。瓜生さん聞いてくださいよ。昨日の晩、妙なお客さん来ました」

「ん？」

「なんか入ってきた時からそわそわしてて、万引きかなって思ったんですよ。でも女性と一緒に来てたし、結果的にレジまでちゃんと来たから違ったわけなんですけど。その人、会計終わったらいきなり僕に『開いてる』って言うんですよ。なんのことかなアと思って自分のズボン見たら、その、チャックが全開でして」

「だらしがないなア、お前さんは。ちゃんとお礼言ったか？」

「いえ、なんかすぐに背中向けられちゃって。なんか最後にギクシャクした動作で親指上げてました」

「親指？　なんだそりゃ」

「よくわかんないです」

「まアでも、ただの親切な人じゃねエかよ。言うほど妙でもない」

「それがですね、店入ってきた時から、僕気が付いていたんですけど、その人」

「ん？」

「あはは」

「なんだ」

「その人も、チャック開いてたんですよ」

「あア、それは、妙というより」

「なんですか」

「気の毒だ」

「気の毒はひどくないですか？　かわいそうとかそういう言葉の方が」

「かわいそうの方がひどい。あ、ばばあ来た」

瓜生さんが自動ドアの向こう側を見て言った。僕は作業を中断して自動ドアに向かう。背中で再び口笛が聞こえたので、振り返ると、瓜生さんはわざとらしく口を一文字に結んだ。自動ドアを出て小石川さんに駆け寄る。

「ありがとうございます、お持ちします」

そう言って、小石川さんの手から今晩のご飯が入ったトートバッグを受け取る。

「あら、ありがとう」

煮物だろうか、出汁と醤油の良い香りがした。

「いえ、こちらのセリフですよ、毎日ご飯作ってくださって感謝です。でも」曲がった腰に目がいく。「ご無理されてないですか？」

小石川さんは謙遜するように手を顔の前で横に振り、「これが私の楽しみだから」と笑った。

僕はもう一度、感謝の意を込めて頭を下げた。

「実はですね、僕もこれが一番の楽しみなんです」

本心でそう言ったのだが、それを聞いた小石川さんは声を出して笑った。以前瓜生さんが言っていた、自分の近くにいる人が笑っててくれる生き方、というのが頭に浮かんだ。

自動ドアを開けて小石川さんを店内にエスコートする。しゃがんだ姿勢でお菓子コーナーの品出しをしていた瓜生さんが、挨拶の代わりに軽く手を上げた。サッと立ち上がり、僕たちのところへ向かって歩いてきた瓜生さんだが、すんでのところで足を止めた。その場に突っ立ったまま黙っている瓜生さんは、なんだか少し驚いているように見えた。その様子を訝《いぶか》しんで、小石川さんは首を傾げたが、やがて僕の方を見て言った。

「今日もしっかり食べてね」

僕も瓜生さんの様子が気になったが、返事をして頭を下げた。小石川さんは再び瓜生さんに視線を移して言った。

「夜になると流石に少し涼しいから、風邪引かないようにね」

瓜生さんは「あア」とだけ言った。腰に手を当て、そして小石川さんの肩のあたりを指した。

「いつものブラウス」

瓜生さんは、緑色のブラウスを指して言った。先月からすっかり小石川さんのトレードマークになっている。小石川さんは応える。

「そうよ？　お気に入り」

「うん」

「なアに」

「そうだよな」

なんだか要点を捉えられない返答に、僕と小石川さんは顔を見合わせた。その後、そうだそうだ、と言って小石川さんは、一番上のプラスチックの容器に入った豚肉ときゅうりの炒め物は、再度熱を入れるときゅうりから水が出てしまうから、温めるのは煮物だけにするように、と僕に伝えた。

「承知しました」

「さて、そうしたら私は帰りますね」

「ありがとうございました。帰り道お気を付けください」

「はいはい、それじゃアまた明日」

小石川さんと一緒に僕は店の外まで出る。小さくなっていく背中が一つ目の信号を渡るまで、見送った。

店に戻ると瓜生さんが同じ場所に、そのままの姿勢で立っていた。

「え、どうしたんですか」

「あ。うん、わるい」

「何かありました？」

するとと瓜生さんは頭に手を当てた。唾を飲み込んだのか、喉が大きく動くのが見えた。

「参ったな、これかよ」

「どうしたんですか」

「参ったな、うん、参ったよ」

「瓜生さん？」

そして瓜生さんは一度控室に消えていったが、五分後に何もなかったかのような顔で品出しを再開した。その日の仕事が終わるまで、やはり瓜生さんは瓜生さんのままだった。

バイトを終えて、家路に着く。玄関に鍵を差し込んで、夕方の瓜生さんはなんだったんだろうか、と考えながら扉を開けた。「ただいま」と誰もいない部屋に向かって小さく呟く。

何かあったか訊ねた時、参ったと言っていた瓜生さん。自慢のリーゼントがぐしゃっとなる様を、僕は初めて見た。

ソファに深く腰掛けると、気が付いたらうとうとしていた。手早くシャワーを浴びる。明日は午後から講義、それが終わればまたバイトだ。ベッドに倒れ込み枕に顔を埋《うず》めた。

翌日、瓜生さんは店に来なかった。

「マノジ、これどうする」

「むずかしい」

「商品の発注ってさ」

「はっちゅうは、なに」

だから、かなり慌てることになった。

携帯に一言、『ちょっと店任せた』とそれだけのメッセージが来たっきり、瓜生さんとは連絡が取れない。接客諸々、いつもの仕事に支障はないのだが、事務的なことに関しては、僕もマノジもほとんどやったことがなかったのだ。

初めのうち、このピンチは僕がどうにか切り抜けてみせると息巻いていたが、いつも元気なマノジがだんだん不安そうになっていく様子を見ていたら、いつの間にか消沈していた。

「やり方っていうか、その、入力の仕方は教えてもらってはいるんだけどさ。ほら数字は瓜生さんが出してくれてたから。え、どうしたらいいんだろ。やばいな、どうしよ」

「ねえバイ」

「ん？」

「だいじょうぶ？」

いつか僕がそうしてあげたように、マノジが僕の背中をさすってくれた。あれは、そうだルナさんの時だ。あの日は二人で打ちひしがれて、仕事の後に飲めないビールで乾杯したんだっけ。折角マノジが奢ってくれたのだからと、無理に流し込んだビールは以前飲んだ時よりも苦く感じて、喉に刺さる炭酸に涙が滲んだのだ。それを見てマノジは、「なかないで」と言ってくれた。「違うよ、マノジ、泣いてるんじゃないよ」と二人で笑ったあの夜、僕は一歩だけ子供から遠ざかった気がしたのだった。違う、そうじゃない、余計なことばかりが頭を駆け巡る。

「バイ」

「大丈夫、大丈夫だよ」

「わかった」

「なにが」

するとマノジはさすってくれていたその手を止め、僕の背中を軽く叩いた。

「こいしかわさん」

僕はハッとした。

「マノジ！」

「ん？」

「お手柄！」

「おてがらは、なに」

仕事から退いている小石川さんに助けを求めるのは、正直言って気が引けた。しかし背に腹は代えられないと、申し訳ないと思いながらも小石川さんのお家に電話を掛けた。電話口で小石川さんは、「すぐ行きますからね」と言って電話を切った。こちらから出向くのが筋だと思ったので、急ぎの仕事だけを片付けて店を飛び出したのだが、小石川さんは既に向かいの信号のところまで来ており、横断歩道の向こうで、笑顔でこちらに手を振っていた。

店に入るなり小石川さんは、先程マノジと二人で控えた数字を確認した。そしていつものように店を一周すると、いくつかの項目を書き換えながら、素早くパソコンに数字を打ち込んでいった。最後にエンターキーを丁寧に押した小石川さんが背もたれに身体を預けた時、僕はあまりの早業に時計を見上げた。小石川さんが店の自動ドアを開けてから十分も掛かっていなかった。

小石川さんはゆっくりと立ち上がって、マノジと僕に向き直って頭を下げた。

「あの子がご迷惑をお掛けしましたね、すみません」

「いえいえいえ、今まで一度もなかったことですし。そもそも僕らがもう少し仕事を覚えていればこうはならなかったです。こちらこそ、お力お借りしてしまい申し訳ありませんでした。本当にありがとうございました」

「こいしかわさん、ありがとう」

僕らも頭を下げて言った。

店のことを気に掛けてくれた小石川さんは、明日も困ったら呼んでね、とそう言ってくれた。そして最後に、今晩のご飯が生姜焼きだということを教えてくれた。それを聞いたマノジは飛び上がって喜んだ。飛び上がることは我慢したが、僕も同じ気持ちだった。

小石川さんは晩御飯の支度をしに一度家まで戻るということだったので、送り届ける少しの間、マノジに店を任せた。

二人で並んでゆっくり歩く。一日一日と、日が暮れるのが早くなってきているようだ、進行方向の空はもう淡いオレンジになっている。日々は繰り返されているようで、確実に前に前に進んでいるのだと実感した。夕方間近の郷愁に、心が小さく疼《うず》く。

「昨日の夜ね、すごく遅い時間に、あ、というかほとんど明け方ね」小石川さんが言った。

「はい」僕は応える。

隣の小石川さんは、店の中で会うよりも小さく感じられた。

「実はあの子が急に家に来てね」

「え、瓜生さんが」

「そうなの。いつもみたいな変な頭をしてなかったから急いでたのかしら、汗なんかかいちゃって。上がってくかって訊いたら、上がらないって言うのよ」

「はい」

「上がらない、ちょっとついて来てくれ、って。もちろんその時間、私は寝てたから少し億劫だったんだけど、仕方がないからサンダルを履いたの。そしたら無言でスタスタ歩き出すのよ、変でしょう。でもとりあえずついて行ったの。そしたらちょっと歩いたところで急に立ち止まってね、振り向いたと思ったら真剣な顔で私に言うのよ」

「はい」

「ばばあ、走れるか、って」

「走る」

「合図をするから、あっちの角から走って来てくれって言うのよ」

繋げたくない点と点を、僕は結びつけてしまった。胸の深い部分が万力で締められるように
ゆっくりと軋《きし》んだ。呼吸が浅くなっているのを自覚した。

「なんだかわからないから私笑っちゃって。そしたらね、笑い事じゃない、って怒るのよ。驚いちゃったわ」

うまく反応することが出来なくなっていて、小石川さんの話を黙って聞いているだけだった。

僕が勝手に考えていることだ、まだなにもわからない。瓜生さんの話だってそもそも事実であるかどうかもわからない。それなのに。アルバイトを始めた時からずっと親切にしてくれた小石川さんを、ろくに仕事も出来ない僕に優しく接してくれた小石川さんを、思い出してしまう。

「でも、私すぐに膝が痛くなっちゃうし。それにもう何年も走ってないもの、出来ないわ、って断ったの。そしたらあの子ね、ふふふ」

「はい」

「私にね、泣いて頼むの、お願いだからって。頼むから走ってくれ、って言うのよ」

僕の喉の奥はぎゅうっとなって、目頭に体温を感じた。この時の瓜生さんの気持ちと、受け

入れたくない自分の気持ちとが混ざって、ただ切実で、ただ苦しかった。

「出来ない、って言えば、頼む、って。何度も何度も。終《しま》いには私の腕を掴んでね」小石川さんは湿布を貼った手首を見せてくれた。「私が痛がったから。それでようやく諦めたみたいで」

今、小石川さんの顔を見たら気持ちが溢《あふ》れてしまいそうだから、遠くのオレンジばかり見た。痛くしないようそっと手を取って、声が震えないように気をつけながら訊いた。

「手首、大丈夫ですか」

「全然大したことないんだけど、ほら、お鍋ふったり、包丁握ったり。これからもたくさんしなきゃいけないから」

うん、そうだ。これからも。これからも絶対にそうでなくてはいけない。全部が杞憂《きゆう》ならそれでいい。全てただの勘違いで、しばらく経ってからこっそり瓜生さんの背中を叩いて僕は言う、「驚かせないでくださいよ」って。なんのことか察した瓜生さんは「いや、俺が一番驚いたんだぜ、参ったよ」とか言いながら、バツが悪そうな顔をして所在なさげに髪型を直す。やがて小石川さんがやって来て、僕は外まで迎えに行って賄いを受け取る。店に入るとすぐにマノジがトートバッグの中を強引に覗き込んで「いいにおい」と大声で喜ぶ。その姿がおかしくてみんなで笑うのだ。これからもたくさん。

「でもね、そんなに真剣なお願いなら、訳を聞かないとでしょう？　どうしてって訊いたの」

「はい」

「そしたらクルッて背中向けてね、黙ってるのよ。しばらくしたらあの子、自分のほっぺたを両手でバシンッて叩いていきなり振り向いてね、笑って言うの、『ごめん、俺もわかんねエ』って」

その時の瓜生さんが思い浮かぶ。僕は黙って頷いた。

「なアにそれ、って。もうおかしくってね。二人でしばらく笑っちゃったわ」

僕は何度も小さく頷いた。小石川さんの言葉に対してというより、一つずつ、自分が受け入れていくために頷いた。

「それから一緒にお家に帰ってね、気が付いたら日が昇ってたわ。二人でお茶を飲んでね、肩を揉んでもらって、もうすっかりいつも通り。なんだったのかしらね」

本当のことも、嘘も言えないから、その分ため息が深くなった。深く吐いた分を大きく吸い込んで、愉快に笑う小石川さんに合わせて、僕も笑ってみた。

「なんだったんですかね」でも、少しもうまく笑えない。「多分ちょっと疲れてたんだと思いますよ。たくさん働いてくれてましたから」

「やっぱり疲れてたのねエ」

やがて小石川さんの家が見えた。幾度となく通った道の先に見える景色が、なんだか別の場所のように感じる。玄関前で振り向いた小石川さんが言った。

「どうもありがとう」

「いいえ、どういたしまして」

「次あの子に会ったらね」

「はい」

「たまには休むように言ってあげて」

「任せてください、僕たちももっと仕事覚えますので」

「ううん、よくやってくれているわよ。いつもありがとう」

「こちらこそです、ありがとうございます」

「トシは」

「はい」

「私たち夫婦に気を遣ってここまでこんなに一生懸命働いてくれたんだと思うのよ。たくさん無理もさせちゃってると思うし。だから度々伝えてきてはいたんだけど、もっと好きに生きていいのよ、って、やりたいことをたくさんしなさい、って、あなたからも伝えてあげて」

何かしらの使命感はあったのかもしれない。ただ僕から見る瓜生さんは無理をしているようには見えなかった。好きな人が笑ってるのを近くで見ていられる時間が尊いと、あの時、照れくさそうに微笑んでいた瓜生さんが、言い訳や強がりでそんな風に言っていたようには見えなかった。だからそのことを、瓜生さんは好きに生きているんだということを、小石川さんに伝えるべきか迷った。答えに行き着く前に、小石川さんが口を開いた。

「あの子はね」

「はい」

「子宝に恵まれなかった私たちにしてみれば、息子も同然なのよ。こっちが勝手に思っているだけだからいい迷惑かもしれないけどね。だからね」

「はい」

「だからあの子は」

「はい」

「私の宝物なのよ」

本当に大切そうに言った小石川さんのこの言葉を、聞いているのが僕であることがこの上ないくらいに歯痒かった。

「小石川さん、その言葉」

「なあに」

「もし可能なら、瓜生さんに直接伝えてあげてくれませんか」

「いやよオ」

「お願いします」

「恥ずかしいもの」

そう言って小石川さんは笑うが、僕は笑わなかった。再び、お願いします、と言う代わりに僕は、かつてないほど願いを込めて頭を下げる。なかなか頭を上げない僕を見て小石川さんは「わかりました、そしたら今度ね、ふふふ」と根負けしたように言った。

早く伝えてあげてくださいい、と、喉元まで出かかった言葉を飲み込んでそのまま、僕は頭を上げることが出来なかった。


小石川さんはいつも通りにご飯を届けてくれた。マノジはいつも通りに喜んでいた。僕はいつも通りに休憩に入って、いつも通り賄いに手を合わせた。

いつもと違うのは、目の前に瓜生さんがいないこと。そして「いつも通り」をもっと噛み締めておくべきだった、とか、そんなことを考えていることだ。

そういえば今日、お饅頭貰えなかったな。

どんなことでも今日が最後かもしれない。そう思った途端、箸が動かなかった。生姜焼きを見て泣いたのは生まれて初めてだった。

＊

「『本日はお休みをいただきます』っていうのはさ」

「はい」

「コンビニの場合、一体いつからいつまでってことになんのかなア」

「貼り紙をしたその時から、翌日の朝までとか、ですかね」

「まア普通に考えりゃそうか。なアどう思う？」

「はりがみは、なに」

「お前さんに頼んで貼ってもらったろ」

「ん？」

「今日の午前中、自動ドアのとこに。俺が紙貼ってくれって頼んだだろ」

「んん。おてがら」

「おてがら？　あア、そうだな、お前さんの手柄だな、ありがとうな」

「バイ」

「何？」

「おぼえた」

「あはは、すごいね」

営業を休んだコンビニの控室、僕たちは今日付の賞味期限の商品を囲んで、ささやかな会合を開いている。僕は抵抗が少なくなってきたビールに小さく口をつけた。

瓜生さんが立ち上がり、自慢のコームで髪を流す様を鏡に映した。見慣れたポーズ、見慣れた仕草、見慣れないのは喪服だけだ。

昨晩行われた通夜には、僕とマノジ、そして他のアルバイトはそれぞれに時間を割いて、代わる代わる参列した。しかし告別式である本日は店を閉めると瓜生さんが決めた。滞りなく進んだ告別式ではあったが、喪主である瓜生さんは流石に少しくたびれた様子だった。

「瓜生さん、言葉が適切かわからないんですが、お疲れ様でした」

瓜生さんは軽く振り返り、僕に小さく笑顔を向けた。目を大きく腫らしたマノジは、手にしたグラタンをレンジアップするためにゆっくり立ち上がり、キッチンの奥へ消えた。テーブルに置きっ放しになったマノジの財布からは、小石川さんの写真がのぞいていた。僕は込み上げてくるものを必死で堪《こら》えた。そんな僕の様子を見てかわからないが、瓜生さんが口を開いた。

「ばばあが苦しまなかったみたいだし、それが一番良かった。救急車呼んでからあっという間だったもんな。眠るついでに逝ったみたいな死に方だったって、お医者の先生が言ってたよ。というか、たまにお医者に掛かってるのは知ってたけどさ、二年間も週三で通ってたなんてなア」

僕は俯いて、一度頷いた。

「知らなかったです」

「お前さんにもいろいろと迷惑かけたな」

「いいえ、僕は全然」

瓜生さんが仕事を休んだのはあの日だけで、翌日からはいつもの通りだった。瓜生さんに確認するべきことがあった。しかし、触れるに触れられなかった。今日まで何も訊かないままでいたそのことを、僕は意を決して切り出した。

「瓜生さん」

「ん？」

「見えてしまったんですよね？」

「何が」

「お兄さんと同じように」

瓜生さんは鏡を見たまま動きを止め、やがて困ったような顔でこちらに向き直り言った。

「うん」そしてたっぷり間を置いて続けた。「流石にちょっと驚いたな。なんせ初めてのことだったから。でも、まア兄貴の身体だもんな、そりゃあの力を引き継いでない方が逆に不自然だよ」

「やっぱりそうだったんですね」

「あのな、突然、ばばあの色が消えたんだよ。飯持って来てくれたばばあが白黒なんだ。あのブラウスなんてただのグレーだった。一体これがなんなのか、初めてなのになぜかすぐにわかっちゃってさ。あアこれかよ、って感じ」

その時の光景を思い出しながら瓜生さんは、少し俯いて、小さく唇を噛んだ。僕は話しておくべきだと思い、ゆっくりと話を切り出した。

「実は小石川さんから聞いたんです、あの日のこと」

「あの日？」

「その、いわゆる、瓜生さんが見えてしまった日、あの後瓜生さんが小石川さんに会いに行ったということを」

瓜生さんはコームをお尻のポケットにサッとしまって、僕の前に腰掛けた。持て余した恥ずかしさの所在を探すように口を尖らせながら頭を掻いて、何かを紛らわすように笑った。やがてどこか観念したように話し出した。

「自分が出来ることはこれくらいしかない、って思ってな。うちは家庭に色々問題があってさ、小さい頃から両親とまともに暮らせなかったんだ。親父もお袋も、なんていうか、変な言い方になるんだが、親になることがちゃんと出来なかったんだよ。だからばばあが一生懸命に面倒見てくれたんだ、兄貴が死んでからは特に。それなのに俺は随分と苦労も掛けたりしてたからな、どうにか恩を返さなきゃって、その一心だった。ただな、入れ替わろうと足掻《あが》いてた途中でなんか思っちゃったんだよ、俺が先に死んだらいけないって。世話掛けたばばあより先に俺が死ぬって、きっと一番やったらいけないことだよな。そんなことしたら、ばばあがきっとやりきれないもの。だから俺はしっかり生きなきゃって思ったんだ」

言葉の一つ一つを受け止めて、僕は応えた。

「うん、そうですね」

「恩の返し方を、誤りそうになった」

瓜生さんは身体ごと天井の方を仰いだ。しばらくそのまま、静かに時間が流れた。唐突に瓜生さんが「それに」と言った。そして僕を見て「ばばあさ、この身体になったところでポンパドールの作り方わかんないだろうから」そう言ってリーゼントを軽く撫でて見せた。

僕は笑った。

「間違いないです、瓜生さんは瓜生さんでしか成り立ちません」

「いや、兄貴なんだけどな。俺は。んん、ややこしいな」

「はい、ややこしいです」

瓜生さんはビールを一気にあおって、缶を潰した。

「お前も飲む？」

「いただきます」

瓜生さんは目で頷いて、ビールを取りに控室を後にした。

にわかには信じ難く、やはり嘘みたいな話だけど、瓜生さんはきっと本当のことを言っているのだろう。事実というよりも、本当のことを。例えば少年時代、頭を打った拍子に始まった壮大な勘違いをいまだに引き摺っている可能性も、スピリチュアルに寄った一時的な偶然である可能性ももちろんある。でもきっと本当のことを、瓜生さんは僕に話してくれたに違いない。

瓜生さんがビールを持って帰ってきたのと同じタイミングで、マノジも熱々のグラタンを持って戻ってきた。僕は言った。

「マノジ」

「なに」

「いい写真だね、小石川さん」

僕はテーブルの財布を指さした。マノジは言った。

「ちがう、これはおかあさん」

「え？」

「ぼくのおかあさん」

「え、小石川さんじゃないの？　似てるっていうかなんていうか、ほぼ同じじゃん！」

驚きを隠せない僕を見て、瓜生さんが笑った。

「な、ほぼ同じだろ」

僕たちはそれから改めて三人で乾杯をした。缶をぶつけて一口飲んで、そしたらマノジがまた泣き出して、それを見た瓜生さんが笑いながらマノジを抱きしめた。後ろから抱きしめられるマノジを見てたら、僕にも涙が滲んできて、気が付かれないようにサッと拭った。ビールはまだ好きじゃない、美味しいかどうかも正直わからない。でも、圧倒的に今日のビールは、どうしようもないほどに染みる。

新しい缶の半分くらいを空けたところで僕は、伝えなければならないことがあるのを思い出した。

「瓜生さん」

「ん？」

「小石川さんに頼まれたので伝えますね、たまには休むように、って。あと」

「うん」

「もっと好きに生きていいって」

瓜生さんは大袈裟にため息を吐いた。

「それなア、ばばあいつも言うんだよ」

「え、そうだったんですか」

「前も言ったけどな、俺は好きでこうやって生きてるんだ。誰かのためじゃなく、自分の人生だからさ。好きに生きてるよ、俺」

誰かに気負うでも、自分に言い聞かせるでもなく、瓜生さんは言った。そして「あと、俺がもしプロ野球選手になってたとするだろ」と続けた。

「また言ってる」

「いや」瓜生さんはいたって真剣な顔で言った。「なろうと思えばなれたぜ、プロ野球選手」

「え」

「いや、本当に。俺まじで野球うまいのよ。でも、あれ結構忙しそうじゃん？　もしなってたとしたら、ばばあの肩はなかなか揉んでやれなかっただろうし。ただ、ホームラン王と盗塁王を二つ取ってヒーローになることも、おそらく幸せだったろうな。うん、なんか、わからないけどさ、どっちが、って話じゃないよな」

瓜生さんが本当にそこまで野球が上手なのかどうかは置いておいて、言っていることはよくわかる。僕が首を縦に振ると、瓜生さんも首を縦に振った。そして軽く手を当ててリーゼントを整え、そしてビールをあおると小さな声で、今日は酔えねエなどうにも、と漏らして笑った。

僕は瓜生さんに言った。

「あ、そうだ、あと」

「なんだ」

「ちゃんと聞きましたか?」

「何を」

「小石川さんが、瓜生さんのこと言ってたんです。聞いたかな、って」

「だから何を」

間接的ではあるが、僕はなんだか照れてしまった。一つ咳払いをして、僕は言った。

「宝物だって」

「は?　なんの話だよ」

小石川さんはやはり伝えなかったのだろう。もちろん、小石川さんの気持ちは瓜生さんに間違いなく伝わっていたと思う。半年と少ししか二人のそばにいられなかった僕でも、それはわかる。でも、余計なお世話なのかもしれないが、これはちゃんと言葉として伝わるべき気持ちだと思った。僕はますます照れたが、酔いに任せて先程よりも大きな声で言った。

「トシは私の宝物だって！」

瓜生さんはそれを聞いてキョトンとなった。幾度も瞬きを繰り返している。どういった感情を表している顔なのかさっぱりわからない。良かれと思い伝えたが、果たして言ってはいけない言葉だったのだろうか。喜ぶでも、照れるでも、怒るでもなく、瓜生さんはただ静止している。どれだけ待っても応えてくれないので、顔を覗き込んで僕は呼び掛けた。

「瓜生さん？」

「それさ」

瓜生さんが即座に反応したので驚いた。

「はい」

「ばばあが言ったのか」

「そうですよ」

「俺に言ったのか」

「え、そうですけど」

「参ったな、うん、参ったよ」

「え？」

それから瓜生さんは立ち上がり、鏡の前で再び髪の毛を整え、お手洗いに消えていった。一体どういうことなのだろう、程なくして戻ってきた瓜生さんは困惑したままの僕に言った。

「なア、そういえばお前、こないだまた学校の飲み会行ったんだろ？」

「え？」

「良い子見つけたって言ってたけどさ、その子とは進展あったのか」と僕に言った。

「あ、そう！　聞いてくださいよ！　それがですね」

いつの間にか僕は自分の話に夢中になり、気が付けば、正確には気が付けないほどに、どんどん酔っていった。

＊

自動ドアが開く。姿を確認する前に匂いでわかった。

「今日もご苦労様」

出勤前のルナさんはほとんどすっぴんの状態であるにも拘らず、驚くほどに美人であった。僕に向けられたこの笑顔が、このまま僕のものになったなら、と無駄な妄想を避けられない。平常心を意識しながら、若干上擦った声で応える。

「お疲れ様です。これからお仕事ですか？」

「うん、金曜日だからちょっと忙しくなるかもね。頑張らないとだ」

そう言ってまた、ふわっと笑う。向こう三日間、何も食べなくても頑張れる心持ちになった。ルナさんはサンドイッチと無糖の紅茶を手に取り、レジに戻ってきた。

「四百八十四円です」

会計を済ますとルナさんは僕から袋を受け取り、「ありがと」と言って、ひらひらと手を振った。しかし、自動ドアの手前で立ち止まり、何かを思い出したように鞄の中に手を差し込んだ。

「ねエ」

そう言って、また僕の前まで歩いてきた。

「はい」

「私用で本当に申し訳ないんだけど、ちょっと頼まれてくれないかな」

「なんでしょう」

「ヤスくんにこれ返しといてもらえるかな」

そう言って、Ｂｌｕｅｔｏｏｔｈの小さなイヤフォンのケースを申し訳なさそうにレジに置いた。

「え」

「こないだね、私自分の失くしちゃって。しばらく使っててていいよって、ヤスくんが貸してくれたのよ。今日ようやく新しいの買えたから」

「あ、いや」

「ん？」

「あのヤスくんって、どなたですか」

「え」ルナさんは言った。

「え」僕も言った。

しばらく二人の時間が止まった。そしてルナさんは何かに思い至ったようで、少し恥ずかしそうに言い直した。「あ、ごめんね、店長に。これ、瓜生くんに返しておいてください」

「瓜生さん？」

「うん」

「あれ、瓜生さんって、下の名前トシですよね」

僕がそう訊くと、ルナさんは少し驚いたように首を横に振った。

「ううん」

「え？」

そして何かを思い出したように言った。

「えっとね、トシはたしか亡くなった弟さんの名前のはずだよ。瓜生くんはヤスね。瓜生安弘。覚えておいてあげてね」

ルナさんは、それじゃアよろしくお願いします、と小さく頭を下げて店を後にした。

僕は、気持ちを整理する。


あア、そうか。

そうなんだ。

そうだったんだ。

「参ったな、うん、参ったよ」

思ったより大きな声が出た。頭の中で小石川さんがふふふと笑う。

初出

本書はダ・ヴィンチWebにて2021年7月27日〜2023年1月27日まで掲載された連載「吹けば飛ぶよな男だが」を加筆、修正のうえ、再構成したものです。

「ジェントル」「親指」「凄いよ、山本さん」「私の頭の中のキムタク」「純白」「親指2」「私のみてくれ」小説「吹けば飛ぶよな男だが」は書き下ろしです。

渋谷龍太（しぶや・りゅうた）

1987年5月27日生まれ。
ロックバンド・SUPER BEAVERのボーカル。柳沢亮太（G）、上杉研太（B）、藤原“35才”広明（Dr）と共に2005年に東京で結成。2009年6月メジャーデビューするが、2011年に活動の場をメジャーからインディーズへと移し、年間100本以上のライブを実施。2012年に自主レーベルI×L×P×RECORDSを立ち上げたのち、2013年にmurffin discs内のロックレーベル[NOiD]とタッグを組んで活動をスタート。2018年4月には初の東京・日本武道館ワンマンライブを開催。結成15周年を迎えた2020年、Sony Music Recordsと約10年ぶりのメジャー再契約を結んだことを発表。映画『東京リベンジャーズ』（2021年）、続編である『東京リベンジャーズ2 血のハロウィン編』（2023年）前後編と3作全ての主題歌を担当する。現在もライブハウス、ホール、アリーナ、フェスなど年間100本近いライブを行い、2023年7月には、自身最大キャパシティとなる富士急ハイランド・コニファーフォレストにてワンマンライブを2日間開催し、約4万人を動員した。同年9月からは「SUPER BEAVER都会のラクダTOUR 2023-2024 ～駱駝革命21～」をスタートさせ、2024年の同ツアーでは約6年ぶりとなる日本武道館公演を行い、4都市9公演のアリーナ公演を実施。2024年2月21日フルアルバム『音楽』をリリース。2024年6月2日の東京・日比谷野外音楽堂を皮切りに、初の野外ツアー「都会のラクダ野外TOUR2024 ～ビルシロコ・モリヤマ～」を開催する。さらに同年10月から新たなツアー「都会のラクダ TOUR 2024 ～ セイハッ！ツーツーウラウラ ～」の開催を発表。

吹けば飛ぶよな男だが

2023年3月1日　初版発行
2024年6月5日　第4刷発行

著　者　渋谷龍太
発行者　山下直久
発　行　株式会社KADOKAWA
〒102-8177 東京都千代田区富士見2-13-3
電話　0570-002-301（ナビダイヤル）
印刷・製本　株式会社暁印刷

●お問い合わせ
https://www.kadokawa.co.jp/
（「お問い合わせ」へお進みください）
※内容によっては、お答えできない場合があります。
※サポートは日本国内のみとさせていただきます。
※Japanese text only

ISBN978-4-04-897105-8　C0095
Printed in Japan

定価はカバーに表示してあります。